生と死の北欧神話

水野知昭
Tomoaki Mizuno

松柏社

目次

凡例

一　本文中の『　』は著名。

一　本文中の「　」は著作や刊本の一部をなす作品名、もしくは会話文や他の著作からの引用を示す。また、原語の訳語、および強調を示す。

一　〈　〉は人名や神名に付された仇名。

一　本文中の（　）は引用箇所の章、節、または行。

一　（　）内の章と行数は漢数字で、節はアラビア数字で示すが、（　）内での「章、行、節」の表示は省略する。ただし、地の文ではそれらを表記する。

一　前記の件についての例外として、すでに国内で刊行されている著作から引用する場合には、編著者の意を尊重し、その表記を踏襲した。

一　年代は漢数字で示すが、10から19までは十から十九で表記する。その他の二桁数字、20から99までは、二〇から九九のように表する。

序　北欧神話ことはじめ

神話は単に「神々あるいは英雄の話」ではない。荒唐無稽または不条理とみえる語りの背後に、現に生きていた人々の世界観や壮大な思想体系がひそんでいる。

北欧の人々が構想した神話についてまなび知ることは、したがって、それが書き記された中世の時代をこえて、しばしば古代の世界への潜入を企てることを意味する。とはいえ、北欧神話は、八七〇―九三〇年にノルウェーからの植民者によってアイスランドに持ちこまれ、彼らの子孫によって伝えられ、古アイスランド語で書かれている。アイスランドが全島集会においてキリスト教を受け入れたのは、西暦一〇〇〇年（あるいは九九九年）であるから、神話的な資料がそのまま異教信仰を映し出しているとは言いがたい。また近年の研究によれば、ラテンや部分的にはギリシアの古典文芸の影響も無視できない(1)。そこに北欧神話を分析する上で困難な問題がつきまとってくる。

ある換算によれば、右に述べた約六〇年間にアイスランドに植民した人々の数は、およそ二万人で、およそ八百隻の船が海を渡ったと見積もられている。(2) その多くはノルウェーを統一したハラルド美髪王（八七二即位―九三三年没）によって土地の権限を奪われた豪族たちで、一族郎党をひきいて、小作人や使用人、および奴隷（社会慣行として十三世紀まで存続）をしたがえ、牛馬などの家畜や家財道具を積み込んでの船旅だった。ほかにも彼らに触発され、みずから新天地を求めて航行した者たちも少なくなかったであろう。

『アイスランド人の書』（一一二二―三三年頃の作）には、「賢者たちの語ったところによると、アイスランドは六〇年にして植民を完了し、その後の入植はなかったとされている」（中島訳）、と記されているが、(3) ノルウェーをはじめスカンジナビア本土との交易と交流は続行されたことを思えば、まったく無かったとは言いがたい。ただ、遅れて入植を試みても、もはや痩せた、立地条件の悪い土地しか残っていなかったということだろう。

オークニー諸島やシェトランド諸島へのノルウェー人の植民が始まったのはそれよりも早く八世紀後半だが、(4) 本格化したのはやはりハラルド美髪王の治世中とされる。(5) 英国へのヴァイキングの侵攻は、リンディスファーン修道院を襲撃した七九三年に始まり、十一世紀半ばまで続くいわゆるヴァイキング時代の幕開けとなるのだが、アイスランドへの植民も、そうした時代に特有の機運に衝き動かされたものと言えるだろう。(6) 当然、ブリテン諸島やアイルランドなどから、北上した（またはそれを強いられた）人々もいたはずである。

英語でいう「神話」（myth）も「神話学、神話体系」（mythology）も、ギリシア語に由来している。カール・ケレーニイによれば、ギリシア語のミュートス（神話）は、まずはじめに「言葉の芸術」だったとされ、「言葉のなかの内容、事柄」を意味し、第二の意味要素として「言う」（レゲイン）をふくむという。(7) レゲイン（legein）は、「語る、物語る」のほかに、「集める、秩序立てて並べる」という意味があり、これからロゴス（logos）「内なる思想が表わされた言葉、理性」（英語の logic）の概念が派生したことはよく知られている。

ケレーニイによれば、このふたつの基本概念を合体させたものが、ミュートロギアーすなわち「ミュートスを物語る（レゲイン）こと」を意味する名詞で、本来それは「以前から既に存在し」、またそれを「継続」してゆくべき「詩作の活動」を表わしてしたという。(8) 集積また編集された「神話体系」、ひいては「神話学」（mythology）という学問名称に変貌するのは、ずっと後の近代になってからのことである。

こうして神話の原点をたずねれば、「持続的に語られ、歌われてきた、言葉そのものの内容」に帰着する。それらが文字で表記されることによってはじめて、神話は資料として存在しうるが、そのときにある規範に照らし、集積された語りのデータの取捨選択と組替えの再編成（ロゴス）の作業が行なわれる。いわば、数百—数千年にわたって変遷をこうむりながらも、連綿と語り継がれてきた神話（ミュートス）の熱きマグマは、有形の「神話」として存続しうるためには、その書記化の過程で冷めたロゴス（説明と関係の論理構築）への変貌を強いられるのだ。(9)

したがって、ある時代の要請に基づき、語りの文化遺産を保存することに心血を注いできた知恵者の集団があったことを、私たちは忘れてはいけない。彼らは時として、予言者、巫女、詩人であり、吉凶の占い師であり、あるいは神々に奉仕する司祭、もしくは語り部であり、また諸々の語りを編集し、書記化する才を有した知識人であった。最終的に、文字と表現を駆使する知識人の手を経なかった神話は、滅び去ってしまった。

北欧神話の場合、このような知識人のひとりが、一二二〇年代に『散文のエッダ』を著したとされるスノッリ・ストゥルルソンであり、神話という芸術作品の「体系」と「創作」を問題にするときには「神話作者」と称されることがある。

森羅万象にひそむもろもろの精霊や神々または「聖なるもの」に拝跪し、民の声を伝え、あるいは託宣に耳を傾けた時代に、すでに神話は成立していた。しかし、日月星辰や大地の森羅万象そのものについて、物語を構想するための「言葉の芸術」は、人格神の観念が成立する以前にも存在していたはずであり、広義でのミュートスの発生はさらに古き時代にまでさかのぼりうる。おそらく一定の韻律と抑揚をもった言語表現の形式が成り立ち、またそれを伝承する語り手と詩人の集団が形成されたとき、正真正銘のミュートスは発生したと言えるだろう。神話の発生はしたがって、ひとつの言語文化の創出にほかならず、「文学の発生」そのものと深く結びついている。神話の成立は、いわば獣の状態から脱した「人間の誕生」を意味している。

神話は、ある共同体に帰属する個々人の体験を集積したプリミティヴな科学であると同時に、集団の構想力に基づいた詩学である。宇宙またわれらが住む世界は、いかにして出来上がったか？　また太陽や月はなぜ、あのように天を駆けめぐるのか？　山や川、そして泉はどうして出来たか？　人間という種族はどのようにして創成され、人は死ねばいずこへ行くのか？　このような世界の現象や事象を説明するひとつひとつの原理が打ち立てられるところに、神話が成立してゆく。

たとえば巨人ユミルが殺害され、その肉体から大地、血から海、骨から岩、また髪の毛から樹木が創成されたという神話は、その語り自体はいかに荒唐無稽であっても、宇宙創成の説明原理になっている。あるいは神々がマーニとソゥルをそれぞれ月と太陽を牽く馬の御者にしたという神話は、月と太陽の馬車にまつわる信仰が北欧に存在したことを裏づけてくれる。ちなみにノット（夜）が駆る馬はフリームファクシ「霜のたてがみ」と呼ばれ、「毎朝、轡《くつわ》のはみから吹き出す泡で大地を濡らす」とされ、いわば朝露という自然現象を説明する一種のポエジーとなっている。あるいはまた太陽は、どうしてあのように早く空を駆けるのかについては、スコッルという名の狼が太陽を呑み込もうとして追いかけているからだと説かれている。

このように、ある畏怖さるべき対象へ向けられた分析眼は、宇宙を秩序立ったものに再構成する。説明し難い実体については、想像力が翼をひろげる。いわば分析力と想像力のダイナモがせめぎ合い、スパークする地点、そこから数々の神話的な形象が生まれてくる。(10)

神話は本来、連綿と語り継がれてきた文化遺産である。口承の伝統を生きてきたにもかかわらず、ついぞ書かれることなく、永遠に歴史の闇のかなたに埋没させられた、数え切れないミュートスに、しばし思いを馳せてみたい。

たとえば北欧の後期青銅器時代（前一二〇〇—前六〇〇年）の岩面刻画を見ると、太陽を運ぶ舟にまつわる信仰が存在したことがわかる。一方、トロンホルム（デンマークのシェラン島）で出土した太陽を牽引する馬車や、南スウェーデンのシーヴィク遺構の石板に描かれた「太陽車輪」の形象（石板6）と「馬を操る御者」の姿（石板7）は、前一二〇〇年前後のものと見積もられている。したがって太陽舟と太陽馬車のふたつの信仰が併存していた時代があったが、前者は衰滅し忘失され、後者のみが「書かれた神話」として生き

トロンホルムの太陽馬車（前1200年頃）

残った[11]。

　神話を解読することは、いり乱れた言説の背後に隠された統一的な意味場を発見し、主要な要素と補完要素を解きほぐしてゆく作業であり、一種の謎解きにも似た様相を呈している。「書かれた神話」のみならず、考古学の成果を無視してはならない。それ相応の民族の歴史を経て、数々の彫琢をほどこされながら、神話すなわち物語りの宇宙が形成されてきたと思われる。したがって、神話が現に存在した信仰や儀礼をどの程度反映しているか、という難問に真剣に取り組むためには、北欧神話の枠内を越えて、他の神話との比較研究を進めなければならない。

　さて、いよいよ本論に入ることにするが、その前に、いくつかの基本的な事項を確認しておこう。むずかしい議論は省略するが、古英語は、古フリージア語、古高地ドイツ語、古サクソン語とならんで西ゲルマン諸語に属している。それに対して古ノルド語（古アイスランド語）、古デンマーク語、古スウェーデン語は、北ゲルマン諸語に当たる。そのほかに、四世紀に司教ウルフィラ（三一一―八三年）によって翻訳された『ゴート語聖書』を唯一の資料とするゴート語は、言語的に東ゲルマン語に分類されるが、ヨーロッパ各地へのゴート族の移動にともない、その後に絶滅した。

いずれにしても、これら西、北、東のゲルマン諸語は、共通してゲルマン祖語から派生したと考えられており、右にあげた古ゲルマン諸語は全体としてひとつの「語族」（language family）を形成しており、互いに「姉妹語」（daughter languages）の関係にある。[12]

したがって、北欧神話のなかに認められる思考パターンや世界観は、直接的な資料としては存在しないゲルマン神話を部分的に反映している可能性がある。しかし、昨今のわが国における「ゲルマン神話」の概説書にあるように、けっして両者を同一視してはいけない。北欧神話の研究が『古ゲルマン宗教史』を照らし出すものとなる、という壮大な目標を堅持するためには、ヤン・ドゥ・フリースの先駆的な名著に代表されるように、[13]言語学的、考古学的、民俗学的な幅広いアプローチをもった、詳細かつ確実な研究を要する。

北欧神話の基本資料は古アイスランド語で書かれているが、本著では一般の慣例にしたがい、植民以前の彼らの故地で運用されていた「古ノルド語」で、表記の統一をはかることにする。しばしば神名や用語の語源的な意味が問題となる場合がある。その際に、共通の語根から派生したゲルマン諸語の同系語をすべて掲げるのは煩雑をきわめるので、古英語で西ゲルマン諸語を代表させることにする。とくに必要な場合にのみ、対応するゴート語を参照例として提示してゆくが、これも最小限にとどめたい。簡略を期すための単なる便法であるが、ご理解いただきたい。

一例をあげると、狩猟女神スカジの名称は、古ノルド語の普通名詞 skaði「危害、損害、死」に関連するのは当然だが、これと同系の古英語 sceadu「暗闇、影」(現代英語 shade) ならびにゴート語 skadus「影」を示すことによって、冬の「闇と死」を表徴し、ときとして界界より来訪し、「死や災難」をまねく女神であったことがよりよく理解できることになる(第五章1節)。

註

(1) Anthony Faulkes, "Pagan Sympathy: Attitudes to Heathendom in the Prologue to *Snorra Edda.*" *Edda: A Collection of Essays*, eds. Robert J. Glendinning and

Haraldur Bessason(U of Manitoba P, 1983)283-314.

（3）Preben Meulengracht Sørensen, *Saga and Society: An Introduction to Old Norse Literature*, tr. John Tucker (Odense UP, 1993) 13. 中島和男（訳）「アイスランド人の書」、日本アイスランド学会（編訳）『サガ選集』所収（東海大学出版会、一九九一）六。

（4）P. H. Sawyer, *The Age of the Vikings* (Edward Arnold, 1971) 206.

（5）Finnbogi Guðmundsson, ed. *Orkneyinga Saga* (Íslenzk Fortnrit 34, 1965) 7-8

（6）ヴァイキングの歴史については次著を参照。Peter Sawyer, ed. *The Oxford Illustrated History of the Vikings* (Oxford UP, 1997).

（7）カール・ケレーニイ『神話と古代宗教』高橋英夫訳（筑摩書房、二〇〇〇）三〇。

（8）ケレーニイ、二七―二八。

（9）水野知昭「バルドル神話における死と再生の儀礼」『エポス』第5号（「エポス」同人会、一九八七）五四。

（10）水野知昭「ロキ神の原像」『エポス』第4号（「エポス」同人会、一九七九）二〇。

（11）水野知昭「古北欧の太陽舟と太陽馬車の信仰」『世界の太陽神と太陽信仰』渡辺和子・松村一男（編）（リトン社、二〇〇二刊行予定）。

（12）概説書は多いが、一点のみをあげておく。Orrin W. Robinson, *Old English and its Closest Relatives: A Survey of the Earliest Germanic Languages.* (Stanford UP, 1992).

（13）Jan de Vries, *Altgermanische Religionsgeschite*, Bd. I & II (Walter de Gruyter,

1957).

第一章 『詩のエッダ』と『散文のエッダ』

1 口承詩について

『詩のエッダ』は、一二七〇年頃の王室写本に保存された二九篇、および他の写本に収められた数篇の詩歌の総称である。いずれも作者不明であって、数百年の口承の伝統を背景にして成立したことをうかがわせる。多くはノルウェーで創作され、詠じられていたとされるが、詩歌の題材によっては、大陸（ゲルマーニア）もしくはデンマークに起源を求めるべきものもある。基本的にはノルウェーからの植民によってアイスランドにもたらされたが、詩作の伝統が長らく保持されたアイスランドにおいて、なかには独自に創作された詩歌もあると推定されている(1)。

その扱う題材によって神話詩と英雄詩に大別されるが、これは便宜的な区分であって、必ずしも明確ではない。たとえば「レギンの語り」のように両方の特徴（神々と人間が登場）を有するものもあれば、「ハーヴィの語り」のように、金言、格言、警句、忠告、呪文を内容とし、いずれにも所属しない詩歌もある。英雄詩のなかには、東ゴート族のヨルムンレク王（三七五年没）や、アトリの名で、ヨーロッパを席捲したフン族の首領アッティラ（四五三年没）などが登場するものがある。大陸の伝承が北欧に波及し、口承詩のかたちで数百年間にわたって存続していたことの証しとなる。

『詩のエッダ』のなかでも創作年代が古い（九世紀末〜十世紀初め）とされる「巫女の予言」は、つぎのような語りだしである。(2)

静粛にしてもらいたい、
あらゆる尊き族《うから》、
身分の高き者も低き者も、
ひとしくヘイムダッルの末裔なる者よ。
戦死者の父よ、汝は望む、
このわたしが巧みに語るようにと、
覚えているかぎり昔にさかのぼり
命ある者らの古言《ふるごと》をはじめよと。

（「巫女の予言」1）

ヘイムダッルは、「リーグの歌」にそのあらましが記されているように、人里を訪れ、奴隷、農民、王侯の一族の始祖神となったと伝えられている。[3] 身分の上下を問わず、みな「ヘイムダッルの末裔」である、と聴衆に呼びかけている。また、「戦死者の父」(Valföðr) は、最高神オージンをさし、「命ある者」(firar) とは神々と人間をさしている。巫女は、特定の韻律にのせて、「古言」を語りだすに際して、聴衆に沈黙を求めている。その吟詠は、オージンに請われてのことであるから、巫女は詩と予言の神であるオージンの神威を身にまとって、予言力を昂めているかのようである。

巫女は、神々による天地創成をはじめとして、過去の古きことに溯りながらも、そこから引き出される未来の、起こるべきことを予見し、バルドル殺害の事件と神々の没落、そして新世界の再生までを、「幻視の体験」として語り出すのである。まさに「創造と破壊」、「生と死と再生」が基本テーマとなっている。

巫女が聴衆の前で語りだす「古言《ふるごと》」は、まさにフルコトであり、古くからの言い伝え、いにしえの歌、そして繰り返し言いフル(「経る」に通ず)されてきた事柄である。しかし、それらの叡智を披露しうるのは女詩人としての巫女の特権であった。その事は、ひとつの詩節を歌い終えたあとに、しばしば、「おのおの方、さらに知るや、それとも如何に

?」、というリフレーンが置かれていることからおのずと分かる。
古英語の叙事詩『ベーオウルフ』（八―九世紀頃の作）の語りだしと比べてみよう。(4)

あー実にわれらは　　かの昔日の槍のデーン人の、
民を統べたまいし諸々の王の　　偉業について聞き及んできた、
いかにかの貴なる者たちが　　栄光を打ち立てたかを。
（『ベーオウルフ』一―三）

古英語を話した、いわゆるアングル人とサクソン人は、五世紀半ば―六世紀にユトランド半島および北方ドイツからイングランドに移住した人々である。この詩歌の主たる登場人物は、彼らの故地に近いデンマークと南西スウェーデンの王や勇者たちであり、その活躍年代は五―六世紀である。
『ベーオウルフ』詩人は、数百年前の王や勇者の事績を語るに際して、「われらは聞き及んできた」ということばによって、聴衆を共感の場に誘い、神聖なる詩的空間を構築しようとしている。全体で三一八二行から成るこの詩歌も作者不明で、いわば詠み人知らずである。「巫女の予言」と同じように、ひとりの特定の創作者というよりは、口承の伝統を経ながら、数々の彫琢がほどこされて成り立ったと推定される。したがって、詩歌のなかには後代のキリスト教の粉飾または挿入箇所が散見される。

右のような勇壮な語りだしには、一種の逆説がこめられている。この直後に、四隣の民を討ち従えたデンマーク始祖王のシュルドが、この世を去り、武具と宝物を満載した舟に載せられ、家臣たちに見守られながら、海のかなたに葬送される描写が続いている。したがって詩人は、冒頭の三行において、これまで伝承されきたった王や武人たちの諸伝説を、ある透徹したまなざしでふり返りながらも、誉れを勝ち得た者たちがいかにもろくも潰え去っていったか、と慨嘆の声を発しているのである。その情感は、「人の世ははかない」（リーフ・イス・ラーネ）という、詩歌の基底を流れる主題に通ずるものである。作品の粗筋《あらすじ》をごく簡単に記してみよう。

主人公ベーオウルフは、イェーアト（南西スウェーデンの王国）の勇者で、雄弁の才にたけ、三十人力であり、まさに「知恵と力」の両方の特性を兼ね備えた理想的な戦士であったように思える。(5) 彼は、デンマークにて二種の怪物を退治し、称賛と栄誉を勝ちとり、数々の贈物をたずさえて、故地なるイェーアト国に凱旋してくる。

その後、イェーアト王ヒュイェラークとその王子が相次いで戦死し、ベーオウルフが王に即位する。それから五十年間、平和に国を統治したが、あることが原因で、火を吐く竜の怒りをかい、その急襲によってベーオウルフの館が焼き尽くされる。そこで、もはや「老いたる王」ベーオウルフであったが、手勢を引き連れ、竜と対決するために海辺の穴蔵をめざして進んでゆく。

「民の守護者」と呼ばれるベーオウルフが竜に対して反撃に転ずるのも、王としては当然の行動であった。(6) しかし、それは老王ベーオウルフにとって、死を賭けた挑戦となる。つぎの詩節に見るように、ベーオウルフは竜との対決を前にして、迫りくる死を直感していたようである。

かくして戦闘に勇猛な王は　　岬に座した。
この間、黄金の下賜においてイェーアト人の友なる王は、　　炉辺の仲間なる
家臣たちの幸運と繁栄を祈った。　　彼の胸中は悲しみに満ちあふれ、
ただひたすら死に急ぐばかりで、　　最期の〝運命〟(wyrd) が間近に迫っていた。
それ（運命）はこの老王に　　ひたひたと迫り来て
魂の宝を求めて、　　その命を肉体から
切り離そうとしていた。　　貴なる人の命が
肉の衣をまとっているのは、　　もはやそう長くはなかった。

最終的にはベーオウルフは竜退治を成しとげるが、みずからも竜の毒によって、この世を去ることになる。（二四一七―二二四）

『ベーオウルフ』の詩中、明示的なものだけでも、三つの葬送の歌が記されている。シュルド王の挽歌が、詩の冒頭部に置かれているのに対して、ベーオウルフの火葬の場面が、フィナーレを成している。その中間には、デンマークからフリージアのフィン王のもとに嫁いだ王妃ヒルデブルフが、兄（あるいは弟）と息子をあいついで失った悲劇の挿話が提示されている。(7) まさに詩歌の全篇に、勇者の勝利と栄光の影にひそむ、「死ぬべき定め」（wyrd）の基本テーマが脈打っている。

ちなみに古英語 wyrd と古ノルド語 urðr「運命」は同系であり、「運命」（宿命）は、古ゲルマン共通の思想であった。その語は、人生のなかで転回点となるさまざまな「出来事」を意味すると同時に、まさに生の終着としての「死」を意味していた。「回転するもの」もしくは「回転させるもの」がその原義である。(8) 言いかえると、「生を創出する」と同時に「死を招く」ものが、ゲルマン的な「運命」であった。本著では、北欧神話における生と死、犠牲と豊饒、あるいは創造と破壊のテーマを扱ってゆくが、その根底には生と死と決定的な出来事をつかさどる「運命」観がよこたわっている。

2　北欧の国引き神話と国譲り神話

さて、一連のエッダ詩がすべて詠み人知らずであるのに対して、『散文のエッダ』は法律家にして当代一流の知識人スノッリ・ストゥルルソン（一一七九—一二四一年）が作者とされ（ただし、生年を一一七八とする説が有力[9]）、別称『スノッリのエッダ』とも呼ばれている。一二二〇年代の前半に書かれ、つぎの四部から成り立っている。

（1）「序言」（Formáli）
（2）「ギュルヴィの幻惑」（Gyflaginning）
（3）「詩語法」（Skáldskaparmál）
（4）「韻律一覧」（Háttatal）

ただし、詳論は省くが、スノッリが著作者であるという通説に対して疑念がまったくないわけではない。とくにキリスト教とラテン文芸の影響の濃い「序言」と、「ギュルヴィの幻惑」の冒頭部および最終部については、後代の付加、もしくは別の作者による挿入と改変が加わっているという説がある。[10]

十四世紀初頭に書かれたウプサーラ写本の冒頭に、「この本はエッダと呼ばれている。スノッリ・ストゥルルソンがここに並べられた手法で編纂した」、という書き込みがあり、この事から「エッダ」（Edda）という通称が用いられてきた。[11]『散文（またはスノッリ）のエッダ』には、いわゆる『詩のエッダ』からの引用があることから、前者を『新エッダ』、後者を『古エッダ』と呼ぶこともある。しかし、この「エッダ」という通称の意味についても、「曾祖母」、「編纂されたもの」または「詩学」の意に解するか、あるいはスノッリの生育地「オッディ」（西アイスランドの Oddi）に由来すると考えるかで、説が分かれている。

ここでは（1）と（2）の語りの特徴のみに論の焦点をしぼることにする。このうち（1）は、全能なる神によって天地が創造され、アダムとイヴから人類が始まったと説き、ノアの箱舟の記述もある。キリスト教の色彩が濃いことから、先述したように、別の作者によって後代に付加されたとも考えられている。

世界はアフリカとエウロパ（ヨーロッパ）とアシア（アジア）の三つの領域から成ると

され、このうちアシアが世界の中心に位置し、美と光輝と富に満ちあふれ、そこに住む人々も知恵と強さと美しさとあらゆる技量に恵まれているとされる。とりわけトロイアは、いかなる点においても優れ、ムノンまたはメンノンという王が十二の王国を支配したとされる。

ムノンから数えて二〇代目がオージンであり、かれには予言の才があって、その叡知によって自分の名声が世界の北の地域にて確立されることを悟った。そこで一族郎党を率いて北へ向けて移住を開始した。かくして東サクソニー、レイズゴタランド（現ユトランド）、デンマークを経て、スヴィーショーズ（現スウェーデン）に至ったというのである。

スウェーデンの王ギュルヴィは、自分の王国においてオージンに望むだけの権限を与えたという。すなわち土着の王が進出者にみずから進んで統治権を委譲したかのような記述になっている。またオージンはシグトゥーナ（旧名シグトゥーニル）に都を定め、トロイアと同じ方式で十二の統率者を配し、すべてトロイアと同じ法を制定した、と述べられている。このように「序言」には、神を神格化された人間とみなすエウヘメリズムと、外来王にまつわる「移住神話」[12]、および比較的平和な「国譲り」という三つの特色が認められる。

オージンが古代トロイア王国の出身であるというのは、そのまま信ずる必要はないが、北欧に外来神の信仰があったことは認めてよいだろう。また、ここで「国譲り」と言ったのは、高天原からタケミカヅチの神が出雲に降臨したときに、先住のオホクニヌシの神がさしたる抵抗もなく「葦原の中つ国」を天神に献上することを申し出たという[13]、あの日本神話を今後の射程に入れておくべきだろうと考えたからである。日本神話を類例とするのは、読者には唐突と思われるかもしれないが、構造的に一致する話はそのほかにも多くみられる。しかし、本著はそれらを明示することを主たる目的としていない（具体例は第五章と第七章）。

作品（2）は、ゲヴュンという名の旅する女性がギュルヴィ王を訪れ、ある「娯楽」(skemtun) を提供した報酬として、土地を譲り受ける約束を得たところから話が始まる。そのときに王は、「四頭の牛が一昼夜のうちに牽くことができる分の犂耕地」をゲヴュンに与えることを約束したのだが、時を経て、ゲヴュンは巨人との間にもうけた四頭の牛をひとつの犂につなぎ、さる土地の一画を「猛烈な勢いで深々と」牽引させる。こうして、ある海峡で牛が動きを止めたとき、ゲヴュンは「そこに土地を確定し、名前を与えて、セルンド（現デンマークのシェラン島）と呼びならわした」。一方、ごっそりと地面が削り取られた跡には、ログル湖（現ストックホルム周辺のメーラル湖）ができたと伝えている。

奇想天外な話だが、このあとに〈往古の詩人〉ブラギの古歌が引用されているので、そのような土地伝承が実際に存在していたのだろう。わが国にも類話がある。すなわち「出雲国風土記」によると、志羅紀《しらき》（新羅）の岬に「余分な」土地があったので、「大魚のえらを突くように」鋤で土地を突き刺し、まるで「魚の肉を切り離すように」、その土地を切り分け、「国よ来い、国よ来い」と呪文を唱えながら、三本縒《よ》りにした太い綱をかけて、海上をぐいぐいと引き寄せてきて出来たものが、出雲国の杵柴《きづき》の御埼（岬）だとされる。(14)　ゲヴュンの犂耕神話は、まさしく北欧版の「国引き神話」と言えるだろう。

ゲヴュンと四頭の牛による犂耕：　国引き神話

さて、ゲヴュン（Gefjun）は「アースの神族のひとり」と記され、「ユングリンガ・サガ」五章の記述によると、「予言の才と魔術に長じた」オージンが、居を構えるべき領地を探すために彼女を派遣したことになっている。[15] ゲヴュンは「与えるもの」の意味であるから、確かにギュルヴィ王に「ある娯楽を与え」はしたが、皮肉にもその領有地の「略奪」という結果をまねいている。しかし、スウェーデンの土地の一部を「収奪」したゲヴュンは、海を隔てたデンマークにその土地を牽引し、島の名称を「与えた」というのだから、デンマーク側にとっては「供与する女神」としての面目躍如たるものがある。「ユングリンガ・サガ」には、この後に、ゲヴュン（別名ゲヴィヨン）が、「オージンの息子」スキョルド（前節の始祖王シュルドに対応）と結婚したという補足が付されている。おそらくデンマークを中心に流布していた伝承であろう。

ともかくも、こうしてオージンは、右に記したように、ログル湖の北辺に位置するシグトゥーニル（「勝利の囲い地」の意）を定住地となし、「大いなる神殿を構えて、アースたちの慣習にのっとり、犠牲を捧げた」（「ユングリンガ・サガ」五）とされる。ゲヴュンの「国引き神話」がデンマークの所産であるならば、土着王ギュルヴィの「国譲り神話」はスウェーデンに発した話となるだろうか？　しかし、奪われた土地の跡に大きな湖ができ、その北岸を「進入者の王」に譲り渡したというのだから、このまま語りが終ってしまっては、スウェーデン側の民意からすれば収まりがつかないはずである。

こうして「奪われた土地」の埋め合わせとしてこの後に語りだされてゆくものが、北欧神話の大系、すなわち後述するような意味において、ギュルヴィ王による「神々の英知の収奪」の話だと考えられる。言いかえると、オージンの使者であった「与える女性」としてのゲヴュンは、最終的にはスウェーデンに対しても偉大な文化遺産を「提供する」ことになったと読める。なお、ゲヴュンがギュルヴィに提供した「娯楽」(skemtun) を「性的な快楽」と解する学者もいるが[16]、右の考察からすれば、とうてい与しがたい説だろう。

3　「ギュルヴィの幻惑」の枠組み《フレーム》構造

さて、失地王となりはてたギュルヴィは、アースたちの超自然的な力能に感服し、こんどはその叡知のよってきたれる秘密を探るために、老人の姿に身をやつし、ガングレリ(「旅ゆくことに疲れた者」の意)と名乗って、アースガルズをめざして旅立っている。ギュルヴィは「聡明で、魔術に長けていた」と記されている。しかし、アースたちは「予言力を有していたので、その分、(ギュルヴィよりも)もっと賢かった」という。

そこでギュルヴィの旅のことを予見した神々は、彼に「幻惑の魔術」(sjónhverfingar「目くらましの詐術」)をかけ、幻の館において王と三人の神々との間で問答が繰り広げられてゆく。ギュルヴィ王を歓待し、彼の質問につぎつぎと解答を与えてゆく三人は、ハール、ヤヴンハール、そしてスリジという名前だが、すべて主神オージンの別名でもある。(17)質問者ガングレリもオージンの異名であり、ひとりの神による自作自演の構造になっているという解釈も可能である。

このような問答形式になっているのは、キリスト教の教理問答(catechism)の様式にならったのかもしれないと推定されている。ともかく、ギュルヴィ王すなわちガングレリは、こうして徹頭徹尾、「幻惑(または眩惑)の魔術」にかけられたまま、かずかずの問いを投げかけてゆき、三人の相手から解答を受け取ってゆくという体裁をとっている。その問答のなかでギュルヴィは、原初の渾沌から宇宙創成にいたるまでのプロセス、そして世界を支配した神々など、さまざまな話を聞き出している。その語りのなかには、人間の創成、神界の構成、侏儒《こびと》族の発生、世界樹と運命《ウルズ》の泉、妖精族の特徴、オージンを主宰神とする神々の特性、ロキの一族、神界を中心に発生した銘記すべき出来事、あるいはソール神とロキの旅、ミズガルズ蛇を釣り上げる話、そしてバルドル殺害の事件など、その他もろもろの神話的情報がふくまれている。最後にラグナロクと称する「神々の滅びゆく定め」と世界の没落、そして世界の新生にいたるまでの語りを聞かされるという構成である。

古代の叡知ともいうべき神話《ミュートス》が、ここではひとりの世俗的な王の幻術体験という「枠組み」(frame)の内部に封入されている。(18) いわば、巨大な一幅の絵画の「額縁《フレーム》」のなかにはめ込まれたものは、神話的な物語りの全体像を示唆しながらも、実はその一部抜粋でしかないのである。このような構成は、「神話作者」スノッリ・ストゥルルソンにとって、資料を取捨選択する上できわめて好都合な方式であったと言えるだろう。むろん、その「額縁」の内側に収まりきらなかったものは廃棄処分にされた。もし、ほかの書物(写本)に書記化されることがなければ、切り捨てられた断片は、永遠に闇のなかに葬られたことになる。

「神々の館とおぼしきところ」に入り込んだギュルヴィは、ハールを「王」(konungr)として紹介されているが、そのハール王(「高きもの」の意)が「高く積みなした三つの席」の「一番下の席」に座り、ヤヴンハール(「ひとしく高きもの」の意)がその上の席に座り、「最上部の席」にはスリジ(「第三のもの」の意)が座っていたという(「ギュルヴィの幻惑」二)。この上下関係からみると、まるで「逆しまの世界」のように思える。

そして、いよいよ問答が始まる前に、ハールはギュルヴィに向かって、こう言っている。

「お前の方がより賢いということにならなければ、お前はここから無事に出られやしないぞ」と。

ところが、こうしてつぎつぎに問答が展開されてゆき、最終的にギュルヴィは、その「幻惑の詐術」から覚醒し、野原にひとり立っている自分に気づくことになる。そして彼は故国に帰り、「幻惑のなかで見たり聞いたりしたこと」を人々に語って聞かせたというのだ。したがって、幻の館のなかでの問答が進むにつれて、質問者であるギュルヴィが、これら三人の解答者たちからまさに知恵（神話的情報）を収奪していったことを意味している。[19]

全体の語りを通観すると、まず最初に、異国から進出してきたオージンによって派遣されたゲヴュンが、土着王のギュルヴィからごっそりと土地を奪う話が置かれ、そして「失地王」になりはてたギュルヴィが、汚名挽回とばかりに、神の国をめざして旅立ち、最終的には「幻の見聞録」という体裁をとりながらも、「英知の獲得」に成功して帰還したことになる。

Gylfaginning という作品についてはこれまで、「ギュルヴィたぶらかし」（谷口幸男）または「ギュルヴィの惑わし」（菅原邦城）の邦訳名が一般に通用してきた。[20] 確かに、ギュルヴィを「幻惑の詐術」にかけ、彼を「たぶらかし、惑わし」（ginning）たのは三人の王なのだが、物語りの最終結果に注視するならば、「幻惑の陥穽」にはめられたのはいっ

ギュルヴィと三人の王：ウプサーラ写本挿絵（1300年頃）

たいどちらの側であろうか?
「幻惑(眩惑)された」はずのギュルヴィが三名の解答者から「神話的な知識を収奪」し、彼らよりも「より賢く」なり、故国における「神話の語り手」として成長をとげている。したがって、ギュルヴィは自分に幻術をかけた者たちを結果的には出し抜いたと言える。あるいは、「予言力を有していたという分だけ、ギュルヴィよりも賢明だった」という記述に従えば、アースたちの方が、問答の最終結果を見越しながらも、あえて「出し抜かれること」を選び取ったとも考えられる。というのは、キリスト教の浸透にともなう新しい価値観の前に、みずからの滅び(ラグナロク)を予知した神々は、そうした二重、三重の「詐術《ペテン》を弄すること」(ginning)によってのみ、フルコト(古言)をギュルヴィに委託することが出来たからである。

そのような語りは、キリスト者にとってはまさに悪しき意味でのカタリ(騙り)と映ったにちがいない。だが、この神話の三名の語り手は、キリスト者によって魔神化された神々の零落した姿であり、「魔術を弄する王」として描かれている。すなわち、あえて異教の神々の視点に立つならば、キリスト者の批判的なまなざしをかいくぐるためには、このように歪められた「だまし」(ginning)のかたちを採らなければ、みずからが主たるキャラクターであった世界を語り、その秘密を開示することはできなかったはずである。

いわば、「ギュルヴィの幻惑」という作品は、「神々がギュルヴィを惑わすこと」という表面的な意味だけではなく、「ギュルヴィが神々を質問攻めにして惑わすこと」を含意している。問答相手である神々は、ギュルヴィの問いに窮したところをつゆも見せずに、神界の秘密の情報をギュルヴィひとりの前に開示しているのだ。だが、その神話的な情報そのものが、実は「大いなる惑わし」でもある。幻惑の渦中にいるギュルヴィには、その真偽について確かめる術《すべ》もない。こうして神々は、その先見の明に基づき、真と偽の織りまざった、二重の意味でのカタリ（語りと騙り）をそのままギュルヴィへの贈物として「供与できる」のだ。むろん、神々の使者なるゲヴュン（「与えるもの」）がギュルヴィ王に最初に提供した「娯楽」（skemtun）の総決算として。

こうしてギュルヴィは、神々によって「欺瞞にかけられ」ながらも、自分の土地の魔術的な剥奪と提供（「国引き」と「国譲り」）の代償として、最終的には「神話を語るべき最初の伝承者」となる栄誉を授かっているのだ。言いかえると、彼は選び出されて、sagna-skemtun「ものがたりを語ることの喜び」を勝ちとった者ということになる。

したがって、語りの「枠組み構造の内部」においては、解答者が質問者に「幻術」をかけながらも、双方とも相手を「惑わし」ており、最終的にはいずれの側も目標を達成しており、ほぼ互角である。しかし、三位一体の応答者よりも「賢くなった」結果として、ギュルヴィは幻術から醒めることができ、「枠組み構造の外側」に踊りでている。その後のギュルヴィは、こんどは他の人々の前で、幻惑の見聞録の「提供者」となり、いわばゲヴュンと三神（三位一体の神）の役柄を身に帯びたことになる。

このように「幻惑とだまし」が交錯した「枠組み構造」は、十三世紀当時のキリスト教が支配的な社会において、その外なる世界から異教の信仰を守る難攻不落の要塞の役割りを果たしたにちがいない。なぜならば、はるか昔の、アイスランドから遠く離れたスウェーデンのギュルヴィ王の「幻惑の見聞録」という体裁を取っているかぎりは、キリスト教の価値観に照らした、いかなる非難・中傷も受ける謂われがないはずだからである。

註

（1）Jónas Kristjánsson, *Eddas and Sagas: Iceland's Medieval Literature.* tr. Peter Foote (Reykjavík: Hið íslenska bókmenntafélag, 1988) 29-30.

（2）『詩のエッダ』の章立てと校訂はつぎの刊本に依拠した。Guðni Jónsson, ed. *Eddukvæði* (*Sæmundar-Edda*), Ⅰ & Ⅱ. (Akureyri: Íslendingasagnaútgáfan, 1954). ただし必要に応じてつぎの二種の刊本を参照した。Gustav Neckel, ed. Edda: *Die Lieder des Codex*

に応じてつぎの二種の刊本を参照した。Gustav Neckel, ed. Edda: *Die Lieder des Codex Regius nebst Verwandten Denkmäler* (Carl Winter, 1962). Ursula Dronke, ed. *The Poetic Edda. Vol. 2, Mythological Poems* (Clarendon, 1997).

（3）水野知昭「来訪神ヘイムダッルと王権の成立」『説話・伝承学』6号（一九九八）四六―六〇。

（4）『ベーオウルフ』はつぎの刊本に依拠。Bruce Mitchell and Fred Robinson, eds. *Beowulf: An Edition with Relevant Shorter Texts* (Blackwell Publ., 1998). 必要に応じて、つぎの訳著を参照した。長埜盛（訳）『散文全訳ベーオウルフ』（吾妻書房、一九六六）。

（5）Robert E. Kaske, "Sapientia et Fortitudo as the Controlling Theme of Beowulf." *Studies in Philology* 55（1958）423-57.「知恵と勇武（力）」が王と勇者の理念型であるが、作品のなかでその理念から逸脱した人物がいることを解明した。ただし、私自身は、主人公ベーオウルフには隠された三つの罪が認められると主張してきた。Tomoaki Mizuno, "Beowulf as a Terrible Stranger," *The Journal of Indo-European Studies* 17, no. 1 & 2（1989）1–46.

（6）北欧の竜蛇退治伝説とベーオウルフの「民の守護者」（folces weard）と異人性の特質については拙稿参照。水野「異人による聖戦としての竜蛇退治―力の勇者ベーオウルフとソールを中心に―」、篠田知和基（編）『鬼とデーモン』所収（名古屋大学文学研究科、二〇〇一）一〇三―一一九。

（7）ただし次著は、『ベーオウルフ』三一四七―六二行も、葬礼の記録だと主張している。Gale R. Owen-Crocker, *The Four Funerals in Beowulf and the Structure of the Poem*

(Manchester UP, 2000) 61-84.

（8）Peter Ilkow, Die Nominalkomposita der altsachisiche Bibeldichtung (Vandenhoeck & Ruprecht, 1968) 434-37.

（9）スノッリの略歴と作品の解説については註（1）を参照。Kristjánsson, 166-78.

（10）Anthony Faulkes, ed. *Snorri Sturluson: Edda: Prologue and Gylfaginning.* (Clarendon, 1982), Intr., xiv. なお、「序言」と「ギュルヴィの幻惑」の引用は本著に依拠した。

（11）Faulkes, Intr., xiii.

（12）オリュムポスの神々の起源を人間に求めた、ギリシアの哲学者エウヘメルス（紀元前三〇〇年頃）の説にちなむ神話観をいう。移住神話についてはつぎの著に詳しいが、惜しいことに『散文のエッダ』には少しも触れていない。Nicholas Howe, *Migration and Mythmaking in Anglo-Saxon England* (Yale UP, 1989).

（13）『古事記』の刊本は次著による。尾崎暢殃『古事記全講』（加藤中道館、一九六六）。

（14）植垣節也（校注・訳）『風土記』（小学館、一九九七）一三六―三七より引用。

（15）「ユングリンガ・サガ」の刊本は次著による。Bjarni Aðalbjarnarson, ed. *Heimskringla*, I (Íslenzk Fornrit, XXVI, 1941).

（16）Margaret Clunies Ross, "The myth of Gefjon and Gylfi and its function in *Snorra Edda* and *Heimskringla*," *Arkiv för nordisk filologi* 93 (1978) 149-65.

（17）本章（10）Faulkes, Intr., xxvi.

（18）Walter Baetke, *Die Götterlehre der Snorra-Edda* (Berichte über d. Verhandlungen d.

d. sächsischen Akad. d. Wissenschaften zu Leipzig, Phil. hist. Kl. 97, 1950) 32f.

(19) なお、「知恵の収奪」、贈与主としてのゲヴュンと女神フレイヤの関係、および「娯楽、快楽」（*skemtun*）の詩的かつ呪術的な意義については拙稿参照。Tomoaki Mizuno, "The Gefjon Story and its Magical Significance in Gylfaginning,"『日本アイスランド学会会報』13（一九九三：一九九四刊）一四—二三。

(20) 訳文と解釈において、必要に応じて次の著作を参照した。谷口幸男（訳）『エッダ—古代北欧歌謡集—』（新潮社、一九七三）。菅原邦城『北欧神話』（東京書籍、一九八四）。『詩のエッダ』の作品邦訳名はかならずしも踏襲しない場合がある。

第二章　宇宙創成論における水と火

1　無から有へ

人類の長い歴史のなかで、神話がいつ発生したかは確言できないが、ルロワ＝グーランは、ヨーロッパの旧石器時代の洞窟壁画の図柄に、「男女の性の二元論」の原初的な神話の発生を認めている。その主張によれば、岩壁に描かれたバイソン・牛・傷口・点は女性、そして馬・山羊・投槍・棒は男性を表わす記号だとされる。(1) この説の当否はさておき、わたしはなぜここにいるのか、わたしを取り巻くこの世界はどうしてできあがったか、という素朴な、しかし真摯な問いを発したとき、少なくとも「神話的な思考」が芽生えたと言えるだろう。ヒトの種族が発生した根源に向けての問いは、「人間創成の語り」（アンスロポゴニー）を生み、宇宙と世界の成立をめぐる想像と思念が確定してくると、「宇宙創成の語り」（コスモゴニー）を生ずることになる。ここでは後者のみを扱うが、旧約聖書の

「創世記」に記された唯一神による「天地創造」と区別して、「宇宙創成論」という用語でCosmogonyを表わすことにする。

最初に、『詩のエッダ』の「巫女の予言」から引用してみよう。巫女は聴衆を前にして、オージンに請われるがままに、宗教的な陶酔のなかで、天地が創成される以前の、始原のときについて、つぎのように歌いあげている。[2] 原詩の荘厳なひびきを訳出するのはなかなかに困難ではある。

悠遠なる時の始め
そこには何も無かった
砂も海も無かった
冷たき波も無かった、
大地はどこにも見えず
上なる天も無かった、
在りしはギヌンガ・ガプ
されど草はいずこにも無かった。

（「巫女の予言」3）

具体的な事物の存在を欠いた、絶対的な虚無を、詩人は空想しているかにみえる。しかし、「砂、海、冷たき波、大地、上天」の非存在を歌うことによって、かえって存在に向かう萌しをはらんでいるとも言える。それらの創成を導く原動力は、原初の虚空ギヌンガ・ガプの中にひそんでいる。「草はいずこにも無かった」とされるが、「草」（gras）によって表徴される植物の生育は宇宙の創成を前提としている。つぎに続く詩歌は早くも、萌えいずる「緑の草」を描出している。

ついにブッルの息子たちが
土塊を持ち上げ、
彼らは栄えある
ミズガルズを創った。
南より太陽が輝き
地の石を照らし、
かくして地表には
緑の草が生い茂った。

（「巫女の予言」4）

「ブッルの息子たち」は、オージン、ヴィリ、ヴェーの三兄弟の神々をさし、原古の巨人ユミルを殺害することによって天地を創成したことを語っている。ブッルは後述するボッルと同じである。ミズガルズ(Miðgardr)は、「世界の中心」に位置する人間の居住地である。前節の虚無なる時とはうって変わって、大地に降りそそぐ陽光と生い育つ「緑の草」が描かれている。「草」はlaukrと表記され、薬草、より厳密には「大蒜」(ニンニク)を意味している。ニンニクは豊饒と幸運のシンボルであると同時に、災厄を撃退すると信じられていた。

エッダ詩中に、蜜酒を飲む人に、「災いから身を守るためには、大蒜を酒に投げ入れるべきだ」、と奨めた箇所がある(「シグルドリーヴァの語り」8)。また、シグムンド王が、次代の王となるべく立派に成長した息子ヘルギに、「気高き大蒜を手渡した」と記されている(「フンディング殺しのヘルギの歌」Iの7)。これらの用語を「大蒜《にんにく》」ではなく「韮《にら》」と解する見方もあるが、悪魔封じや病魔の撃退に大蒜を用いる慣習が今日でも残っていることから、「大蒜」説を採りたい(3)。

たとえばドイツの民俗によると、ニンニクは子供にとって護符の役割をはたし、たとえば赤ん坊の揺りかごなどに、その子が仲間はずれにならぬように念じて、ニンニクの三つの球根を入れておく。また、家畜から悪魔や病魔を退散させるために、畜舎の入口に懸けておくと効用があるという（『ドイツ俗信事典』(4)）。

　いずれにせよ、右の詩歌において、創成された人間世界ミズガルズを守護するものとして「緑の草」を思い描くべきだろう。注目すべきことに、生命の根源地としての「地表」(grund) と草が「生育する」(gróa) さまを示す動詞、そして豊饒の色としての「緑」(grœnn) が頭韻を踏んでいる。しかし3節と4節のあいだの時間的な隔たりは、あまりにも大きい。巫女は、ふたつの詩節の間に挿入されるべき神話的な語りは、聴衆にとっては既知の情報と考えたのだろう。

2　生と死の発生源としてのニヴルヘイム

「巫女の予言」に比べると、「ギュルヴィの幻惑」四—五章には、宇宙創成についてのより具体的な説明が与えられている。それによると、大地が創られるよりもはるか昔に、ニヴルヘイム（「霧または暗闇の世界」の意）が成り立ち、やがてその「真ん中」にフヴェルゲルミルという泉ができあがったという。ニヴルヘイムの位置は明示されていないが、続いて記される「南方」の世界ムスペッルと対極をなすと考えられるので、闇と寒冷が支配する「北方」の領域とみた方が自然だろう。

　ニヴルヘイムは、冥府のニヴルヘルと本来は区別されていたが、後代にはしばしば混同されたとみられる。というのは、ロキの娘ヘルは「大災難と不幸」を招くものとみなされ、オージンによってニヴルヘイムに投げ込まれ、「九つの世界」を支配するように仕向けられたと記されているが（「ギュルヴィの幻惑」三四）、その一方では、「九つの世界を巡歴して、ヘルから降った死者が宿るニヴルヘルにまで下降した」という記述も見えるからである（「ヴァフスルーズニルの語り」43）。これら二つの資料を付き合わせると、ニヴルヘイムとニヴルヘルが地下の最奥部の世界として同一視されていたと言える。

　ちなみにヘル（Hel）という名称は、冥府女神ヘルの名であると同時に、この女神が領有する冥府そのものを意味した。動詞*helan「隠す」に由来するので、その原義は「（死者を）隠すもの」また「隠す所」であり、本来は「暗くて寒い地下世界」として把握されていた。(5)キリスト教が説いたような、業火が逆巻く恐るべき「煉獄」という概念は、本来はなかった。ヤーコプ・グリムによれば、女神ヘルは元来、死をもたらす邪悪な霊を表徴したものではなく、亡者の霊魂を「受け取り、拘束する」機能を持つにすぎなかったとされる。(6)

　しかし北欧神話の中でのヘルは、邪悪なロキの娘とされ、フェンリル狼とミズガルズ蛇と兄妹の関係に置かれており、本来の地位から下落し、魔物の仲間と化している。ヘルのところへ赴く者は「病死者と寿命の尽きた者のみだ」と記され、ありとある「諸悪と飢餓と災難」などは、ヘルの館に住むように仕向けられたという。また、「ヘルに至る道」は、「下り坂で北方に向かっている」という記述もみえる（「ギュルヴィの幻惑」三四と五〇）。ニヴルヘルと同一視されたニヴルヘイムの方角と一致している。

ニヴルヘイムが創成されたという語りは、したがって北方の「暗闇と極寒」の領域が確定されたことを示しているが、「死」のイメージが濃厚である。その領域のまさに「真ん中」にできた泉フヴェルゲルミルは、hverr「大釜」と -gelmir「沸沸と音を響かせるもの」という意味要素から成り立ち[7]、「大釜の沸騰する水」を基本イメージとしながらも、絶えまなく湧出してほとばしる水の「轟音と運動態」を活写的に捉えた名称である。つぎの語りを見れば、世界の創成をみちびく、あらゆる水の源泉であるには違いないが、ここにも死のイメージがつきまとっている。

すなわち、その泉から流れ出た河川が列挙されているが、そのうちの十一番目のものは「冥府ヘルの入り口付近を流れる」ギョッル川である。また、最後の十二番目に名があげられるエーリヴァーガル川も、後述するように、いのちを育む流れであると同時に、「死と滅び」をまねく力を秘めている。このように北欧神話の語りでは、しばしば「生」のなかに「死」の兆しがひそんでいる。これとは逆に、後述するユミル殺害やバルドル殺害の神話に認められるように、「死」や「殺害」の伝承のなかに、「新たなる生」や「創造」のモチーフが潜在している。

さて、エーリヴァーガルという河川名も、él「嵐または戦闘」と vágr「波浪」の二つの要素から成っており、(8)「波と波が激突するさま」を連想できる。しかしその豊饒なる流れは「毒の泡沫」を含むとされ、「あたかも溶鉱炉の中から流れ出る鉱滓のように」固まり、凍りついて流れを停止する、と記されている。有毒の川が凍結するさまを冷気によって凝り固まる鉱滓にたとえているのは興味深い。単なる比喩というよりは、製錬工の実感に基づく表現だろう。

神々の種族が成立するのはまだ先の話だが、「巫女の予言」6–7節によれば、この世を統治する「裁定神たち」(regin) が日月の運行を定め、「朝と昼、午後と夕べに名を与えて、年月を数えられるようにした」その直後に、まず最初に行ったことは、イザヴォル(「絶えまなき労苦の野原」の意)という野に寄り集い、「祭壇と神殿」を築き、その地に「鍛冶場」をもうけたことだったという。

こうして、溶鉱炉から流れ出る火の川が冷気によって固まることにも似て、エーリヴァーガル川が凝固し、やがて「毒」を含んだ「蒸気」(úr) がその上に立ちこめるが、それも凍って「霜」(hrím)となり、幾重にも幾重にも重なりながらギヌンガガプに迫り出してくる、と描写されている。通常の解釈にしたがい、右では「毒」と訳したが、eitr-kaldrは「極寒の」を意味することから、極北の「寒冷」の意を兼ねていると解する説がある。(9)

このように万物の創成の原点において、泉からあふれ流れ出た河川、そして豊饒なる川の水が凍りつきながらも水蒸気を発しているというふうに、変容する水のイメージが連続している。ここで提示された「霜」のエリメントは、「霜巨人族」の始祖ユミルの誕生を早くも暗示している。

3　炎熱の国ムスペッル

原初のとき、南方には炎熱世界としてのムスペッル(「世界の滅び」の意)が在ったとされ、スルト(「黒きもの」)という魔性の者がその領域を守護しているという。最終的には、「炎の燃え立つ剣」を手にしたこの者が神々を滅ぼし、世界をすべて火で焼き尽くす、と予言的に語られている。言いかえると、世界が創成される最初の段階において、この世を支配することになる神々の種族がまだ成立していないにもかかわらず、早くも彼らの滅びが運命づけられている。
　ムスペッルという名の語源を「口による滅び」（その場合、ムーズスペッル）と解し、南方から次第に浸透してくるキリスト教の「説教」によって、異教の神々が滅ぼされることを暗示している、と解する学者がいる。(10) 実に興味深い説ではある。ここではムスペッルは領域名だが、「ムスペッルの民」（「巫女の予言」51）あるいは「ムスペッルの息子たち」（「ロキの口論」42）という語句があることからすれば、個人名または集団名にもなりえたとみえる。神々を滅ぼす「ムスペッルの民」を率いる水先案内をつとめる者はロキであることが予言的に語られている。

船が東より渡りくる、
ムスペッルの民が
海を越えてくるだろう、
そしてロキが舵取りをつとめる。
荒れすさぶ者どもが
狼とともに総がかりで攻め寄せる、
ビューレイストの兄弟（ロキ）も

その遠征に加わっている。　　　　　　　　（「巫女の予言」51）

ロキは「虚偽と欺瞞《ぎまん》の元凶」あるいは「あらゆる神々と人間にとっての恥辱」と呼ばれ、もっぱら「邪神」のレッテルを付されているが、右の解釈にしたがえば、キリスト教徒にとっては、異教神を滅ぼし去る功労者ということにもなりかねない。同様に、「神々の力の滅び」いわゆるラグナロクの時に、炎の剣をもって南から攻め寄せてくるスルトも「魔物」ではなくなり、神話の語りにおける正と邪の立場が逆転してしまうことになる。

ただし、古ノルド語 Muspell は古高地ドイツ語 Muspilli と同系であり、後者は「世界の終焉をまねく大火災」を意味し、「山々を焼きはらい、河川を乾上らせ、天と地を焼尽に帰す」という詩歌の文脈で用いられている。古サクソン語 Mudspell「世界の終り」もこれらの同系語であり、[11] ムスペッルは、必ずしもキリスト教の観念ではなく、ゲルマン古来の「終末思想」を表わすと主張する学者も多い。[12] このように説が分かれるが、W・ブラウネの見解にしたがい、「大火による滅び」を基本義とみなしておくことにする。[13]

ビューレイストは「嵐を起こすもの」または「嵐と稲妻」の意に解されているが、[14] 特定の神話が残されていないので、その正体は不明である。ヘルブリンディ（「冥府における盲目の者」の意）とともにロキをふくめた三兄弟を構成している。主神オージン、ヴィリ、ヴェーの三兄弟と本来はより明確な対照をなしていた可能性がある。

4　巨人ユミルの誕生

いずれにしても北欧神話の語りの中では、ムスペッルは南方の炎熱世界としての特徴が明らかであり、北方に布置されたニヴルヘイムの寒冷世界と対極をなしている。いずれの世界も、具体的にどのように成り立ったかはほとんど記されていない。肝心なことは、北方は「水」、南方は「火」の根源の地であるという対立の図式が打ち出されていることだ。そして水と火のエリメントは、つぎの語りに典型的にうかがえるように、万物の「生成」の根源力であると同時に、「死と滅び」を招くものとして把握されていた。

さて、凍てついたエーリヴァーガル川から発生した水蒸気は霜と化して、次々に重なり合い、全世界の「真ん中」に位置するギヌンガガプに迫り出してくる。こうしてギヌンガガプの北側は、氷と霜ですっぽりと覆われていた。ギヌンガガプそのものは「無風の大気のように穏やか」だった、と記されている。

この比喩表現に照らせば、世界の「真ん中」に位置するギヌンガガプには、「大気」

(lopt) が充満していたと読める。北欧神話のなかで縦横無尽の活躍をするロキの別名ロフト (Loptr) は、この宇宙創成の「大気」に関連があると説く学者もいるが、J・ドゥ・フリースは、ロキの性格と一致しない見解だとして退けている。(15)

さて、こうして幾重にも重なった霜に、南からの熱風が衝突すると、霜が溶けて雫となり、やがてその「いのちの水滴」(kviku-dropi) が、「熱を送るものの威力」を帯びて、人の姿をおび、原古の巨人ユミルが誕生したという。このような口調を聴いていると、まるで古代の自然科学の講義を聞かされているような思いをさせられる。

古ノルド語 kviku-「生命」は、「水のうねり」または「発酵」(kvikva) をも意味し、「いのちを得る」、「早める」、「生き返る」などの意味をもつ動詞 kvikna や名詞 kvika「奔流する水」に関連している。これらと同系の古英語 cwic「生きている」から由来した現代英語が quick「すばやい」である。いわば「死」は「動きを止めた状態」であり、「生」はまさに「躍動すること」を意味していたと言えよう。

ギヌンガガプという空域において、「不動なる霜」が熱風にあおられ、絶えまなく落ちる「水滴」に変じたとき、「躍動するいのち」が発生したという語りに注視すべきだろう。(16) 繰り返すと、創成の原点としてのギヌンガガプは「世界の中心」に位置していた。言いかえると、「大気」のエリメントを表徴するその聖域において、変容した「水」と「火」のエリメントが衝突し、生命が発生したという思想がここにみえる。しかし、あまりにも合理的すぎるので、本著の序で記したような意味で、ミュートスよりはロゴス的な観念の所産であるかにみえる。

ユミルは別名アウルゲルミルとも呼ばれた。その名（Aurgelmir）を分析すると、第一要素の aurr は「砂土」または「湿った土・泥土」を意味し、古英語 ear「波・海」に関連づけられ、第二要素のゲルミルは galmr に由来し、「晴朗に響きわたるもの」を原義としている。[17] したがってこの語源に基づけば、ユミルは湿り気と砂を元素として成り立った存在者であって、海浜に打ち寄せる波の響きを想起させる。

ユミルの名は「双生」を意味している。ユミルは「眠っていて汗をかき、かれの左の腕の下から男と女が生まれ」、こうして霜巨人の一族が発生したとされる。この語りは、両性具有者としてのユミルの特性を示唆している。

「汗」（sveiti）というのは一見奇妙な感じを抱かせるが、sveiti という語は「血液」をも意味しうるから、ボッルの三人の息子たちによって、やがてユミルが殺されることを暗示している。後述するように、そのときに流れ出たおびただしい「血」（sveiti）が、「海」に変じたとされる。したがって、創成のエネルギーをひめた「水滴」がここでは「汗」のモチーフに変換されながら、「霜」の巨人族の成立を歌いあげ、「塩からい海の水」の連想を導いている。

この世の最初の生命体としての巨人ユミルに続いて、やがて同じようにその溶けた霜のしずくから牝牛アウズフムラが誕生したとされる。「豊かなる、角なし牛」を意味するアウズフムラという呼び名は、牝牛の「豊かな乳房」を思わせる。まさにその名のとおり、乳首から四つの乳の川が流れ出て、ユミルはその牛によって育まれたという。はるか北方の源泉フヴェルゲルミルから発した十二の河川と、世界の中央部ギヌンガガプの付近から流れ出た四つの「乳の川」はまさに相関をなしている。とりわけ「有毒の川」エーリヴァーガルと「いのちを育む乳の川」が好対照をなすことは言うまでもない。さらにつぎのような語りにつなぐことによって、「いのちの水」の基本テーマが連続させられている。

5　ユミル殺害と宇宙の創成

あるとき牝牛は、「塩分をふくみ、霜をかぶった、幾つもの石」をなめていたところ、その日の夕方には人間の髪が、翌日には頭が、そして三日目には人間の全身が姿を現してきた。「容姿端麗にして力猛き」その者はブーリと呼ばれた。

この神話で、「なめる」という行為は「霜が溶けた」ことを示唆しており、「いのちの水滴」から誕生したユミルの話と同工異曲の趣きがある。語りの順序からいえば、まだ天地が創成される以前の段階で、「幾つもの石」（複数形）が置かれているのは、いかにも唐突であり、一見矛盾しているように思える。だが、この後に続く神話において、巨人ユミルが殺され、その「歯や臼歯および砕けた骨から、岩石や小石が創られた」と記されている。「塩分をふくむ」という語句は、先述したように、「海」に変ずるユミルの「血」または「汗」（sveiti）をただちに連想させる。したがって、「塩分をふくみ、霜をかぶった、幾つもの石」という表現は、「霜巨人族の始祖」としてのユミルの殺害を暗示し、その死体を象徴していると言えよう。[18]

最初の人間の誕生については別の神話で語られているから、ブーリは、「人間の姿」をしていても、正真正銘の人間ではない。誰と結婚したかは記載がないが、その息子としてボッルが生まれたという。別名ブッルと呼ばれ、その場合には文字通り「息子」を意味し、「生まれくる者」がその原義である。「生む者」を意味するブーリがブッル「息子」をもうけたというのだから、一種の言葉遊びである。

やがてボッルは巨人の娘ベストラを娶って、三人の男子をもうける。それがオージン、ヴィリ、ヴェーであった。これらの兄弟がひいては天地を支配することになるのだが、それに先立ち、原古の巨人ユミルを殺害したとされる。この殺しの動機や用いられた武器については一切語られておらず、神秘のヴェールに包まれている。肝心なことは、三神によるいわば「世界最初の殺害」の行為は、結果的に、天と大地、海と山など、宇宙の創成を導いたということである。

ボッルの息子たちは、ユミルの死体をギヌンガガプの「真ん中」へと運び、その身体から大地を、血から海と湖を創ったとされる。その肉から大地を、骨から岩（山）、歯と臼歯と砕けた骨から石や砂利を創り、また頭蓋骨から天の蒼穹、髪の毛から樹木を、そして脳みそから群雲を創ったという。まさしく形態の類比（アナロジー）に基づく死体化成神話として位置づけられる。さらに興味深いことに、巨人族の攻撃から防御するために、「ユミルのまつげ」を用いて「ミズガルズの防壁」を造ったという。

大地の周縁部は円形をなしており、その外側は深い海で取り囲まれている。そしてその海辺に、彼ら（神々）は巨人族が住むべき土地を与えた。しかし大地の内側には、巨人たちの反撃に備えて、世界の周りを囲む「防壁」（borg）を造りなした。この防壁にはユミルの「まつげ」（brár）を用い、そこで防壁をミズガルズと呼んだ。
（「ギュルヴィの幻惑」八）

原古の巨人ユミルを殺害することによって、神々は世界を創出したとされるが、その「ユミルのまつげ」によって防壁を造ったというのはいかにも奇異な感じがする。ひとつには防柵と巨人のまつげとの形態の類似に基づくアナロジーと解しうる。同時に、これでもって巨人族に対する防禦となしたのだから、「毒をもって毒を制する」(Like cures like)一種の呪術に基づいている。[19] ミズガルズは「中心の国」を意味し、この段階ではまだ発生していない人間の種族のために用意された居住地である。防柵が「まつげ」ならば、居住地としてのミズガルズは「大いなる目」の表徴となるだろう。

ミズガルズは、「神々の国」なるアースガルズ、および「外つ国」なる巨人の国ウートガルズ(Útgarðr)の間の、文字通り「中間」に位置づけられていた。このように、北欧神話の世界観は、基本的に「内―中心―外」の図式によって明確に分節された構造を成している。便宜的にミズガルズを北欧の「中つ国」と命名しておくが、むろん問題はさほど単純ではない。miðは「真ん中」の意味だが、garðrは動詞garða「囲む」と関連し、(1)「垣根、壁」、(2)「囲い地」、(3)「中庭」、(4)「住居」、(5)「砦」などの意味を有していた(英語yard参照)。したがってミズガルズという概念は多義的であり、通常は人間の居住空間としての「中間に位置する、囲まれた地」を意味するものの、右の記述にみるように、「その周辺を囲む防壁」そのものを指す場合があるので注意が必要だ。[20]

この見地において、ユミルの死体をあえて「ギヌンガガプの真ん中」に運んで天地を創成したという語りは無視できない。ギヌンガガプそれ自体が北のニヴルヘイムと南のムスペッルの「中間」に位置していたのだから、ミズガルズはまさに「中心の中心」、すなわち二重、三重の意味において神話的宇宙の「中核」に布置されていたことになる。

宇宙の「中核」に運ばれた「ユミルの遺体」と、ミズガルズの「周縁」に配置された「ユミルのまつげ」が対応するのは明らかだ。中心と周縁のシンボリズムを形成していることに加えて、世界は「円形をなす島」だというのだから、「閉ざされた円」の構造がここで確定されている。「円の呪縛」と題した終章4節でこの謎の解法を探ることにしよう。

6　太古の虚無ギヌンガガプ

こうして北欧神話の世界観によれば、万物の初めにあったものが、ギヌンガガプだった。その名の第二要素ガプ（gap）は、「虚なる空域、裂け目」のほかに「大声をはりあげること」の意味があり、動詞 gapa「大きく口を開ける」と関連している。これについては異論はないが、第一要素ギヌンガ（ginnunga）をめぐっては説が分かれている。動詞から派生した名詞の単数属格であることではほぼ一致しているが、つぎのような説がある。

（1）動詞 gina（「あくびをする」または「大口を開ける」）から派生

（2）動詞 ginna（「だます」または「惑わす」）から派生

（3）古英語の動詞 be-ginnan「始まる」と関連する

このうち（1）を仮定した場合には、「大口を開けた巨大な空域」をイメージできる。したがってギヌンガガプを、「広がりわたった（宇宙の）亀裂」と定義した学者もおり[21]、近年の宇宙物理学で論が集中したブラックホールを連想させる。（2）は『古ゲルマン宗教史』をものしたヤン・ドゥ・フリースの説だが、「崇高な神々」を意味するギン・レギン（ginn-regin）その他の用例に基づき、「魔術をかける」意味での「惑わし」と解釈している。したがってドゥ・フリースによれば、「魔力に満たされた原初の空間」と定義されている。[22]（3）の説に従えば、「あらゆるものの創成の始まりをなす虚空」として把握すべきことになるが、古ノルド語にこれに相応する動詞が存在しないところがこの説の大きな欠点である。

A・ヴァルデの『印欧諸語比較辞典』をひもとくと、（1）の動詞は印欧語根 *ghêi-

「欠伸して大口を開けたときに発せられる擬音」に遡及し、その母音交替によって成った*ghêu-から、ギリシア神話における原初の「カオス」（渾沌）の名が派生している。[23]

ただし、カオスの基本概念をめぐっては、「からっぽの虚空」、「形なき質量（マテリァール）」あるいは「広大なる淵、奈落」などと、必ずしも一致していない。ギリシア的なカオス「渾沌」と北欧のギヌンガガプ「太虚」は、内性上は区別しておく必要がある。ヘシオドスの『神統記』に語られているように、カオスはエレボス「幽暗」とニュクス「夜」のような抽象的な神格を生んでいる。[24] それに対して古北欧の「太虚」からは、そこへ押し寄せる霜の固まりと熱風が激突した水滴から、ユミルと原牛のような生命体が生まれてきており、まさに表現がより具体的である。

素朴な問いを発してみる。北から流れくる毒気をふくんだ川と、それが凍りついて出来あがる霜、そして南から吹き荒れる熱風、これらはなぜ一様に、「太虚」へとなだれ込んでゆかねばならないのか。思うに、大いなる口を開けて、周囲のものをことごとく呑み込んでいるからではないか。「いのちの水滴」（kviku-dropi）が「熱を送るものの威力」を帯びて「人のすがた」をとり、巨人ユミルが誕生したという語りは、その「太虚」から吐き出される出産を思わせる。いわばギヌンガガプという「大いなる口」は、万物を産みだす母性の女陰を象徴している（拙論参照[25]）。

エーリヒ・ノイマンによれば、古くは出産や豊饒を司る女神として崇拝されたが、後代に、大地の下にて死者を呑みこみ、生け贄や犠牲獣を求める「恐るべき母」に転落した例は、世界各地に認められるという。こうして神話のなかでは、母神あるいは豊饒女神は、しばしば創造的な側面と破壊的な側面を兼ねそなえている[26]。

先にあげた冥府女神のヘルは、北欧神話の語りでは、「邪悪な」ロキの娘とされ、「諸悪と飢餓と災難」の地下界に住む魔物とみなされている。美しき女神フレイヤも例外ではない。彼女は、長旅にでた夫オーズを探して、各地を遍歴し、悲嘆に暮れるが、大地に落ちた涙が黄金に変わったという。ゲヴン「与えるもの」の異名をもっているのは、まさに富と財物を恵与する特性があったからだろう。「豊饒と平和」を司るフレイ神と兄妹である。その一方で、フォールクヴァング「軍勢の野」に住み、死霊神オージンと死者を二等分するとされる（「グリームニルの語り」14）。

生と死、豊饒と不毛という女神に帰属された二面性は、原初の太虚ギヌンガガプにも当てはまるだろう。「いのちの水滴」（それが示唆するものは明らかだ）を受けとめてユミルと原牛を生むギヌンガガプが、一方では、殺されたユミルの遺骸を呑みこみ、天地創成の「原点」となっている。その語りには、まさしくノイマン流の「太母」（The Great Mother）に特有の「生と死、欲望と充足」の二元論が隠されている（拙論参照[27]）。

エッダ詩のなかで、宇宙論的な破滅をもたらす「喰らいこむ口」が詠まれた典型例をひとつあげておこう。

大地の帯（ミズガルズ蛇）が
空たかく口をかっ開き、
恐るべき蛇の顎《あご》が
深々とひろがる。
狼を死に追いやるヴィーザルの
親族なる者（ソール神）は、
オージンの息子として
大蛇に戦闘をいどむだろう。

（「巫女の予言」55「ハゥク本」）

来るべきラグナロクを予言する詩歌である。そのとき、フェンリル狼がオージンを呑みこむが、その息子ヴィーザルが狼の両顎を引き裂き、父の復讐をとげるという（「ギュルヴィの幻惑」五一）。右の詩歌では、そうしたフェンリル狼とヴィーザルの激闘のシーンを交錯させながら、ミズガルズ蛇とソール神の最終的な対決を予告している。世界を取り巻く大蛇の攻撃態勢が、gina「口をかっ開く」とgapa「(その両顎が深々と)ひろがる」いう二つの動詞で表現されていることに注目したい。万物を呑みこみ、吐きだす「大地の深淵」を表象するギヌンガガプ（Ginnungagap）が、ここではミズガルズ蛇の「巨大な口」に変貌をとげたかのようである。ちなみにその好敵手なるソールは、「大地」を意味する母ヨルズ（Jörð）から生を享けたとされる。まさに「大地の帯」と称されたミズガルズ蛇は、ソールにとって超克すべき「もうひとりの自己」(alter ego)であったといえる。ラグナロクの最期の激闘において、両者が相討ちとなったというのも、この意味でよく理解できる。

7　洪水説話と「流され王」伝説

さて、殺されたユミルのおびただしい血によって大洪水となり、霜巨人の種族は、ルーズ（lüðr）に乗って難を逃れたベルゲルミルとその妻をのぞき、ひとり残らず溺死したとされる。しばしば旧約聖書のノアの洪水伝説との関連が指摘されてきた。(28) ルーズという言葉は、「角笛」や「穀粉の貯蔵箱」などの辞書的な意味のほかに、「臼」、「揺りかご」「棺桶」、あるいは「中うつろな木幹」、「箱舟」を表わすとも説かれ、解釈が分かれている。[29]

この神話は複合的に解釈すべきだろう。たとえば「揺りかご」説を採れば、妻帯者であるはずの巨人が、「揺りかごのごとき舟」に乗って海上を漂流し、生まれ直しの儀礼を遂行していると読める。またルーズを「棺桶」と解するならば、本来、死路への旅立ちとなるはずの「棺桶」に乗ることによって、洪水の危難をまぬがれたという皮肉めいた解釈が成りたつ。ただし、「皮肉めいた」印象をぬぐえないのは、おそらくこの伝承が本来の宗教性を捨象した、比較的後代の所産であるからだと思う。つぎに述べるような古代信仰がその根底にひそんでいる。ベルゲルミルとその妻がこの不可思議なルーズに乗って海上漂泊をしたのちに救出され、「霜巨人の種族がこのふたりから発した」（「ギュルヴィの幻惑」七）という記述に重きをおくべきだろう。

デンマーク王家の始祖とされるシュルド王の伝説が想起されてくる。古英詩『ベーオウルフ』の冒頭部に記載されているシュルドは、伝説上の人物だが、仮にもし実在したとするならば、その孫であるヘアルフデネ王が五世紀後半に属するから、シュルド自身は多分に四世紀末―五世紀初頭に該当する。

こうして定めのとき来たりて、　勇猛果敢なる王シュルドは
主のみもとへ　旅立っていった。
かれら寵臣たちはそこで　王みずからが生前に命じたままに
潮の流れに　王の亡骸をゆだねた。
……　（中略）　……
貴人の乗り物　輪形の舳先なす舟が
かの港に停泊した、　凍てつく波間で出立のときを待ちながら。
そこで彼らは　宝環の分与者なる
愛すべき王を　舟のふところ
帆柱の近くに横たえた。　そこにははるか遠方より
運ばれ来たる宝物と、　装飾品の数々が積み込まれていた。
私は聞いたためしがない、　戦いの武具
そして戦闘用の具足、　刀剣や甲冑のたぐいによって
かくも壮麗に　舟が飾り立てられたことを。
それらはかの亡骸《なきがら》とともに　潮の力にゆだねられて
遠きかなたへ　去ってゆく定めなのだ。

彼らは貢ぎ物として　　民の伝来の宝物を
かの君に献上したのだが、　　その分量たるや、
往時の始まりのときに、　　まだ主君の幼い頃に
海原にただひとりで　　送り出したときに
積みなされた宝に比べて、　　けっしてひけをとらぬものだった。
（『ベーオウルフ』二六—四六）

デネ（デンマーク）の始祖王シュルド・シェーヴィングが舟によって海のかなたへ葬送される描写である。シェーヴィングという名は、「シェーフの息子」の意味だが、シェーフ（Sceaf）は一般に「穀物束」（英語 sheaf）と解されている[30]。いわば穀物霊の化身たるべきシェーフの息子が「海の波」に揺られつつ、さる土地に漂着し、やがて、「四隣の民を従える」王者として成長し、「天《あま》が下に繁栄を誇った」というのだ（四—一一）。しかしそのシュルド王も、この世を去らねばならぬ「定めのとき」（gescæp-hwil）をまぬがれることはできなかった。ここでは王の死を、「主のみもとへ旅立つ」こととして捉えなおし、キリスト教的な潤色がほどこされているものの、王権と豊饒にまつわる古来の信仰が詩歌の基調をなしているとみて間違いあるまい（拙論参照[31]）。

日本民俗学の先達、柳田国男が一九三四年に提示した「流され王」伝説の概念の中には、都より鄙《ひな》の地に移り住まわされた、いわば流離の境遇に置かれた王族と、新羅や百済などの海を隔てた地より日本の各地へ文字通り流れ着いた王族（または王子）が含まれており両義的である。(32)このうちとくに後者の概念が、北欧のシュルド王の伝説に適用できることを示したことがある（拙論参照(33)）。

シュルド王の葬送に際して舟に積まれた宝物は、「往時の始まりのときに、まだ主君の幼い頃に　海原にただひとりで　送り出したときに積みなされた宝に比べて、けっしてひけをとらぬものだった」と記されている。ここに用いられた「始まりのとき」という表現は、デーンの民が「主君を持たぬまま、長い間苦渋を強いられた」（一四―一六）こととと関連があるだろう。

言いかえると、シュルドは幼少時に宝を満載した船に乗せられて、この土地に漂着し、成長したのちにシュルド族の名祖として王に即位したことを物語っている。「当初は身寄りのない者として見いだされた」（六―七）という記述は、あるデーン人が彼を養育したことを示唆している。すなわち異郷より海の波に揺られつつ漂着した幼児を神の子であるかのごとくに崇め、「はぐくみ申す者」（折口信夫の用語）がいたと解しうる。(34)

このおさな子が見事に成長をとげ、デーン王家の始祖となったというのだ。右の記述によれば、四隣の民を従属せしめ、数々の偉功を打ち立てた王であったが、ついに逝去となり、家臣たちはその生前の遺志にしたがって王の亡骸を舟に載せたとされる。遠方より王への貢ぎ物として運ばれてきた数々の宝物、また武具、刀剣や鎧が遺体のそばに安置され、舟はきらびやかに装いを凝らしたとある。

これに続く描写を見れば、とくに王の胸もとには多くの宝物が積まれ、死せる王者の頭上高く、金色の印が掲げられ、舟は悲しみに沈む人々をあとに残して海原へ押し出され、波の力に委ねられた。そして、「いかなる賢者といえども、誰がその荷を受け取ったかは語りえない」(五〇―五二)と付言されている。

この記録についてF・クレーバーは、「死後の霊魂が海のかなたの霊地へ向けて旅立つ」信仰に基づく前時代(四―六世紀)の慣習を反映していると説き、後に海辺に遺体と船を埋葬する慣習に取って代わられたという注釈を加えている。(35) 事実、ノルウェーのオスロ・フィヨルドの西岸より出土した、オセベリ船とゴクスタ船などがその証左となる。前者には王妃と侍女ともくされる人物が葬られ、推定年代は八一五―二〇年、五〇歳位の男性が葬られていた後者の船はおよそ八八〇―九〇〇年頃と見積もられている。

英国では、一九三九年にサフォーク州のデーベン河畔の東側にて発見されたサットン・フーの船葬墓が最も有名である。墳丘から長さ二七メートルの船の骨格が出土した。剣、巧妙な装飾をほどこした鉄の兜、黄金の留め金、それにメロヴィング朝の硬貨を入れた財布、銀食器やスプーン、酒盃などがともに発見されている。六二五年前後に逝去したイースト・アングリアの王の葬地であろうと推測されているが、甲板に設置された木製の棺の中にも、その船の周辺においてもなぜか遺体が発見されていない。数々の出土品から、当時のスウェーデンのヴェンデル文化との関連が密接だと報告されており[36]、すでに七世紀前半、すなわちヴァイキング時代よりも以前に、スカンジナビアからイングランドへ人々が移住していた証跡とみなされている[37]。

死者の船はこの場合、東の北海のかなたをめざしてゆくことが祈念されていたのだろうか？　しかしそれならば、『ベーオウルフ』の序章部をはじめとして幾つかの文献に記されているように、王の亡骸を直接船に載せ、潮流にゆだねるという葬送があったにもかかわらず、なぜ大地の中に船を埋葬したのだろうか？

この問いに対する解答については、最近もうけた拙論を参照されたい。その結論を紹介すると、彼らの古来の世界観に照らせば、「この世」の大地の基底と、海の底なる「あの世」のグルンド（古英語 grund; 古ノルド語 grunnr）は、まさに「底なる根の領域」として連続していると信じられていたのだ（拙論参照[38]）。

シュルド王の伝説においては、「海のかなた」へ舟にて葬送されることと、その王の幼少時に海上をさまよい漂着したことが対照的に捉えられている。このような北欧の「流され王」伝説の見地から、巨人ベルゲルミルの洪水説話を捉えなおすことができるだろう。洪水の難に見舞われたこの巨人を救出したルーズは、先述したように、やはり「棺桶」と「揺りかご」の両義的な価値を有するものとして把握すべきである。

すなわち「揺りかご」がベルゲルミルを救済する舟になったという話は、幼な子のときに、海のかなたから漂着したシュルド伝説とまさに相関をなしている。よるべなき姿で見出されたシュルドが、土地の者に養育されたのちに、デンマーク王家の始祖王に成長したという伝説は、ベルゲルミルが新しき「霜巨人の種族」の始祖になったことと基本的に一致している。

またルーズを「棺桶」と解することも可能である。逝去したシュルド王を潮の流れにゆだねて葬送する舟は、まさに一種の「棺桶」の機能を果たしている。と同時に、「揺りかご」を象徴した船にのせて海上をただようことによって、死せる王の再生が祈願されているのかもしれない。ここで得た推論は、終章6節において検証されることになるだろう。

さて、ベルゲルミル（Bergelmir）の名について、従来は Ber-gelmir「熊のように吼えるもの」と解されてきた。しかし最近、R・ファルクは従来の説に異議をとなえ、第一要素 ber- を古ノルド語 barr および古英語 bere「大麦」に関連させ、第二要素 -gelmir は古英語 gielm「刈り取った穀物の束」に関連があると主張している。「大麦」説には賛同できるが、gelmir という要素は、スルーズゲルミル、およびアウルゲルミルという、それぞれベルゲルミルの父と祖父の名にも共通している。やはりこれらの第二要素は、古ノルド語 galmr「朗々と響くもの」(丁丁発止の打ち合いで「鳴り響く剣」の意)、ひいては動詞 gala「叫ぶ、歌う、呪文を発する」に関連づけるべきだと思う[40]。ちなみにベルゲルミルの祖父アウルゲルミルは、原古の巨人ユミルの別名と説くのが一般的である。そもそも霜巨人族を滅ぼした洪水は、オージン、ヴィリ、ヴェーの三兄弟神によってユミルが殺され、そのときほとばしり、流れ出た血から発生したとされる。

神話の語るところによれば、北はニヴルヘイムの真ん中に出来あがったフヴェルゲルミル (Hvergelmir) の泉が宇宙創成の「源泉」であった。そこからエーリヴァーガル川をふくむ十二の河川が流れ出たと語られ、最終的には巨人の始祖ユミルすなわちアウルゲルミルの誕生を導いている。その原古の巨人が殺されて、ベルゲルミルが海上を漂流したというのであるから、まぎれもなく、-gelmir「沸々と水音をとどろかせる存在態」が繰り返して出現する語りになっている。

ユミルは、宇宙創成をまねくための犠牲者として殺され、そのときのおびただしい「流血」(sveiti) が洪水の発端をなしている。ユミルの別名アウルゲルミル (Aurgelmir)

の語義については、4節で述べたように、その第一要素 aur- が古英語 ear「海」、古サク

ソン語 ava-「湧出する水」、およびゴート語 ahwa「流れる水」と関連している。したがっ

て、ユミルとその「血の海」を漂流した孫のベルゲルミルは、同じ「ゲルミル」という名

前の要素を共有することによって親縁関係が強調されているのだ。先に紹介したＲ・ファ

ルク説に反対する由縁である。

ベルゲルミルという名前には、「大麦」と「轟きつつ奔流する水」の意味が込められている。まさしく「穀物と豊饒なる水（または海）」の信仰上の連合を示唆した名称である。言いかえると、伝承の上では巨人に所属させられているが、「揺りかご」や「棺桶」（ルーズ）の機能を果たす舟に乗り、大洋を渡るベルゲルミルには、穀物霊の性格が認められる。先述したように、シュルド王の父シェーフの名が、「穀物束」を意味したことと類比的である。繰り返すと、幼少のときに漂着したシュルドがデーン人の「始祖王」となった話と同じように、ベルゲルミルは「揺りかご」に比定しうるルーズに乗って生きのび、新たなる霜巨人族の「始祖」となったのだ。両者は「海原を渡りくる幼童」として示現し、それぞれの世界に豊饒と生を招き寄せる、いわば「北欧のマレビト」として定義できると思う（拙論参照）[41]。

このように北欧の創世神話を通観してみると、徹底的なまでに変容する水のモチーフが

現れている。最期には皮肉にも、始祖ユミルの血によって氾濫を惹き起こし、霜巨人族が滅び去ったというのだが、わずかに生き残った一組の夫婦から新たに霜巨人族が発生し、神々と対立し、または潜在的な脅威として存続することになる。

「生と死」または「創造と破壊」が北欧神話の主要なテーマをなしている。生と死の均衡がくずれそうなとき、その原理を修復するために、一種の救済者として立ち現れるものがロキである。

註

（1）アンドレ・ルロワ＝グーラン『身振りと言葉』荒木亨（訳）（新潮社、一九七三）三七一—七五。

（2）第一章（2）（20）に示した刊本・訳著のほかに、「巫女の予言」については必要に応じて次著を参照。シーグルズル・ノルダル『巫女の予言』菅原邦城（訳）（東海大学出版会、一九九三）。

（3）水野知昭「古ゲルマンの楽園の原風景」『文化』第47巻（一九八五）三一八—五〇。

（4）E. Hoffmann-Krayer, ed. *Handwörterbuch des deutschen Aberglaubens*（Walter der Gruyter, 1943）cf. "Knoblauch."

（5）Hermann Güntert, *Kalypso: Bedeutungsgeschichitliche Untersuchungen auf dem Gebiet der indogermanischen Sprachen* (Max Niemeyer, 1919) 36.

（6）Jacob Grimm, *Deutsche Mythologie*, I (Ullstein Materiallen, 1981) 259-61.

（7）Jan de Vries, *Altnordisches Etymologisches Wörterbuch* (E. J. Brill, 1962) 271.

（8）de Vries (1962) 100. 以下、語源についての言及は、とくに註を付さない場合には本著に依拠したことを示す。

（9）ヘルマン・パウルソン『オージンのいる風景』大塚光子・西田郁子・水野知昭・菅原邦城（共訳）（東海大学出版会、一九九五）一五二。

（10）序（13）de Vries, II, 394.

（11）第一章（8）。Ilkow, 318-20.

（12）序（13）de Vries, II, 393.

（13）Rudolf Simek, *Dictionary of Northern Mythology*, tr. Angela Hall (D.S. Brewer, 1993) 223.

（14）Simek, 51.

（15）本章（7）de Vries, 366.

（16）「いのちの水滴」と月崇拝の関連については論及済み。水野知昭「ゲルマンの宇宙創成論における月神崇拝」『日本大学工学部紀要』分類B　第22巻（一九八一）九五―一一〇。

（17）Aurgelmir, Bergelmir の語源については論及済み。水野知昭「海原を渡り来るおさな君―古北欧のマレビト―」、篠田知和基（編）『古今東西のおさな神』所収（名古屋大学文学研究科、二〇〇〇）一八三―九〇。特に一八七。

（18）本章（16）水野、九九。

（19）「ユミルのまつげ」に関する卑見参照。水野知昭「旅する客神ロキの神話―その（2）―」『日本大学工学部紀要』分類B　第28巻（一九八七）一〇九―一二八。特に一一三。

（20）水野知昭「古北欧の「中つ国」と「根の国」」『人文科学論集』〈文化コミュニケーション学科編〉（信州大学人文学部、二〇〇一）九三―一一九。

（21）前者はE・モック、後者はH・ゲリングの説。序(13) de Vries, II, 361.

（22）Jan de Vries, "Ginnungagap." *Kleine Schriften*（Walter de Gruyter, 1965）132.

（23）A. Walde, *Vergleichendes Wörterbuch der Indogermanischen Sprache*, ed. J. Pokorny（Walter de Gruyter, 1927-32）548.

（24）ヘシオドス『神統記』廣川洋一（訳）（岩波書店、一九八四）二二。

（25）本章（16）水野、九八―一〇〇。

（26）Erich Neumann, *The Great Mother.* tr. R. Manheim（Prinston UP, 1963）120-73.

（27）本章（16）水野、九九―一〇〇。

（28）Brian Branston, *The Lost Gods of England*（Thames & Hudson, 1957）47-49.

（29）本章（7）de Vries, 367.

（30）R.W. Chambers, *Beowulf: An Introduction of the Study of the Poem*（1921: rpt. Cambridge UP, 1959）68-86.

（31）水野知昭「古北欧の「流され王」伝説」『The Round Table』第13号（慶應義塾大学高宮研究室、一九九八）一三五―四六。

（32）柳田國男「流され王」『定本　柳田國男集』第5巻（筑摩書房、一九六二）二五九―六八。

（33）本章（31）水野、一三五―三六。
（34）折口信夫「小説戯曲文学における物語要素」『折口信夫全集』第7巻（中央公論社、一九七六）二四七―五〇。
（35）Fr. Klaeber, ed. *Beowulf and the Fight at Finnsburg*（D.C. Heath, 1922）notes, 122.
（36）Michael Lapidge, et al., eds. *The Blackwell Encyclopaedia of Anglo-Saxon England*（Blackwell, 1999）433.
（37）Robert T. Farrell, "Beowulf and the Northern Heoric Age." in: *The Vikings*. R. T. Farrell, ed.（Phillmore, 1982）180-216.
（38）本章（20）水野、九八―一一六。
（39）R. D. Fulk, "An Eddic Analogue to the Scyld Scefing Story." *Review of English Studies* 40（1989）313-22.
（40）本章（7）de Vries, 154.
（41）本章（17）水野、一八六―九〇。「海を渡り来るおさな君」にまつわる北欧伝説の背景に、「平和と豊饒」をまねくニョルズ・フレイの父子神信仰が潜んでいる。海上の島から依りまし来るニョルズ（ラテン名の女神ネルトゥス）に「北欧のマレビト」の原姿が認められることを詳説した。

第三章　よみがえる女神

1　この世で最初の戦闘

北欧神話にはアースとヴァンというふたつの神族が並存している。アースとヴァンの神族の主神はそれぞれオージンとニョルズだ。「ユングリンガ・サガ」に、両神族が戦争ののちに和解し、人質を交換するにいたったという話が記されているが、実はそれは「神々の交換」であった。不思議な話である。なお、アースとヴァンの複数形は、それぞれアィシルとヴァニルで表記した。(1)

オージンは軍勢を率いてヴァニルに戦争をしかけたが、彼らは頑強に抵抗し、その国土を守った。どちらの側もかわるがわる勝利を得た。互いに相手の土地を蹂躙しながら損害を与えた。そこで双方とも戦闘に倦み疲れたので、和平の会議をもうけ、平和協定をむすび、人質の交換をすることにした。ヴァニルの側は、〈富裕な〉ニョルズとその息子のフレイという、最も優れた者たちを人質に提供した。しかし、これに対してアィシルの側は、ヘーニルという名の者を送り、首長にするには彼こそが適任だと説明した。彼は体が大きく、見るからにすこぶる美男であった。その者といっしょに、アィシルはミーミルと呼ばれる、最も賢い男を送ってよこした。そのお返しに、そこでヴァニルは、自分たちの集団の中で最も聡明な者を送りとどけた。その者の名はクヴァシルといった。

さて、ヘーニルがヴァンの国（ヴァナヘイム）に到着すると、さっそく彼はその首長にまつり上げられた。ミーミルは彼に事あるごとに助言を授けた。そこでミーミルが近くに不在のまま、ヘーニルが会議や集会に参席させられたとき、ある難題について彼の意見が求められた。その時には彼はいつも同じ返答で、「ほかの者たちに決定させてくれ」と言った。そこでヴァンたちは、例の人質交換で自分たちはアィシルに欺かれたのではないかと疑いだした。そこで彼らは、ミーミルをひっ捕らえて首をはね、その頭部をアースたちに送りつけた。オージンがその頭を受け取り、防腐のために薬草を塗りたくり、その上で何度も呪文を唱えた。そしてついには大いなる呪力を吹きこみ、その頭が彼に話しかけ、彼のために多くの神秘的な話を語りだしてくれるようにした。

オージンは、ニョルズとフレイを「供犠の祭司」（ブロート・ゴジ）の地位に任じた。

そして彼らはアースたちの間で「祭司長」（ディーアル）となった。フレイヤはニョルズの娘だった。彼女は「供犠の女祭司」（ブロート・ギュズィヤ）だった。ヴァニルの間に流行していたセイズという呪術を、フレイヤが最初にアース神たちに伝授したのだ。ニョルズがまだヴァニルの一員だったときに、彼は自分の妹を妻となした。というのも、それが彼らの慣わしだったからだ。こうして生まれたものがフレイとフレイヤだった。しかし、アースたちの間では、そのような近親との婚姻は禁じられていた。

（「ユングリンガ・サガ」四）[2]

このように右の記録には、アースとヴァンの両神族が一進一退の戦争を続け、最終的には和平の協定を取り結び、人質の交換をしたことが記されている。ヴァニルの側は、ニョルズとその息子フレイという主神クラスの者を人質として派遣したが、アィシル側が送り込んだ人質のヘーニルは、ヴァンの国での首長の役を満足に果たすことができなかった。つまり彼はミーミルがいなければ、単独では物事を決定できず、統治者としての英知を欠いていたことになる。その上、「最高の賢者」ミーミルを人質に得た返礼として、ヴァニルの中で「最も聡明な」クヴァシルをアース神族へ送りとどけた。さらには、この人質交換は割が合わず、だまされたことを悟ったヴァンたちは、ミーミルの首をはねて、その頭部をアースたちに送り返した。ところがオージンは呪術を駆使して、そのミーミルの頭部から数々の「神秘的な話」を聞き出したとされる。こうして人質交換は、ヴァニルの側にとっては二重、三重の意味で大損をするという結果を招いている。

それに対してアース神の仲間入りをしたニョルズとフレイは、「供犠の祭司」に任じられて、宗教的に重要な働きをしている。そればかりか、ニョルズの娘フレイヤは「供犠の女祭司」をつとめ、「セイズ」（seiðr）という新しい呪術をもちこみ、アース神たちに伝授したと記されている。いわばアィシルの側にとって人質交換は、ヴァン神族の宗教を吸収し、みずからの中に包摂するという効果を生み出している。

「セイズ」という名の呪術は通常、シャーマニズムの一種だと解されている。たとえばD・ストレムベックのように、これを北方のラップ人（サーメ人）から修得したシャーマニズムとみなす説もある。(3) エッダやサガの数ある文献の中に、脱魂状態（エクスタシー）、補助霊、他界への旅、および変身のイデオロギーなど、北方ユーラシア系のシャーマニズムの要素が認められることについては、すでにP・ブーフホルツによって指摘されている。(4)

「ブロート」（blót）は、字義的には「犠牲の血を流すこと」（英語 blood と関連）を意味している。右の記述によれば、ふたりの男性祭司とひとりの女性祭司が犠牲祭を執行したとみられる。ただしここでは、前者の役割を果たすニョルズ・フレイの父子は、共通して「ディーアル」(「祭司」もしくは「神々」の意)と呼ばれているものの、後者の女祭司フレイヤとの関係が必ずしも明確ではない。三名が協同で同じ神事に関わったか否かが不明である。仮に三者がある同一の犠牲祭に関与したとするならば、女祭司が中心的な役割りで、「ディーアル」と称されたふたりの男性祭司たちはその補佐役だったのだろうか。あるいはその逆が真相であるか、にわかには判断しがたい。しかし、「ヴァニルの間に流行していた」セイズ呪術を、「フレイヤが最初にアース神たちに伝授した」という記述を重視すれば、前者が基本方式であった可能性が高いだろう。

いずれにしても、ここにトライアッド(三組み神)の観念がひそんでいる。(5) 右の推定にしたがえば、セイズ呪術に最も卓越した女祭司フレイヤが中心の座を占め、女性シャーマンの役を果たし、ふたりのブロート・ゴジ(供犠の祭司)たちは、「犠牲獣の血を流す」儀礼の執行者を演じさせられたと言えるだろう。

さて、右の「ユングリンガ・サガ」の記述をみるかぎりは、ニョルズ・フレイの父子が「人質」として送り込まれたことは明記されているが、フレイヤに関しては、どのような事情でアースの共同体に連れてこられたのかが不明である。フレイヤの参入によって、アースたちの間に「セイズの呪術」が広まったと記されているが、彼女の母の所在も不分明である。ニョルズがまだヴァンの社会に所属していたときに、「自分の妹を妻となし」、フレイとフレイヤの兄妹をもうけたというのだが、その「ニョルズの妻」なるものの存在がいったいどこへ消え失せたのかが分からないのである。
この難問を解く糸口はおそらく、先行する第三章の記録にひそんでいると思う。

オージンにはふたりの兄弟がいて、ひとりはヴェー、もうひとりはヴィーリルであった。これら二兄弟は、オージンが不在のときにはその王国を統治した。あるとき、オージンがはるか遠方に旅立ったときのこと、たいそう長い間留守にしたので、アースたちは彼が二度と戻ってこないのだと思った。そこで彼の兄弟はその遺産を分与し始めたのだが、妻のフリッグについてはふたりで共有した。しかしながら、その後しばらくしてオージンが帰還して、自分の妻をふたたび取り戻したのだ。
（「ユングリンガ・サガ」三）

いかにも奇妙な話だが、フリッグは夫の長期にわたる留守の間に、その兄弟と褥《しとね》をともにしたというのである。視点を変えると、フリッグは三兄弟と愛を交わしたことになるのだが、オージンの妻となる以前に、彼女はいったいどの共同体に所属していたのだろうか？

こうして見ると、出自不明のフリッグは元来、「所在不明」と思えたニョルズの妻であったのではないかと想定できる。三章の記録は、要するに、ふたりの男神が一時的に「妻を共有した」ことと、正式の夫が「その妻を奪回した」ことを述べている。

「ユングリンガ・サガ」四章の記述にしたがえば、ニョルズがアースたちの社会に参画させられると同時に、ヴァンの間では一般の「慣わし」であった「近親婚」は、タブー視されたはずである。言いかえると、ニョルズはもはや「自分の妹」を妻としていることは許されず、彼女を異族の主長オージンに譲り渡さねばならなくなったと思われる。この仮説をさらに展開すれば、オージンたちの三兄弟は、「ニョルズの妹」を掠奪し、一時的ながら、「共有した」とも読める。ある長き遍歴から帰還したオージンは、改めてフリッグを「正式の妻」として迎えたと解することができる。いずれにせよ、この時点でニョルズはそのイモ（妹・妻）を「奪回すること」がもはや完全に不可能な状況に立ち至ったのである。

こうして両神族の闘争の後に交わされた人質交換の結果、「妹・妻」との関係を断たれたニョルズは、「供犠の祭司」の地位に任ぜられることによって、皮肉にも、自分の「息子と娘」との、いわば父子関係にのみ執心させられることになった。後述するように、供犠は年毎の「平和と豊饒」（friðr と ár）を祈願する重要な宗教儀礼であった（『ユングリンガ・サガ』九―一〇参照）[6]。したがって、これらヴァンの三組神は、「支配神」としてのオージン、ヴェー、ヴィリの三兄弟とまさに対照的な役割を果たしているように思える。ある意味では、後者のトライアッドの統治権を補佐するための宗教的な役柄を負わせられているかに見える。オージンの妻神フリッグは本来、ヴァン神族に属し、アースの三神によって「掠奪された女神」ではないか、という推論をさらに展開してみよう。ただし、この仮説を検証するには、どうやら相当に遠回りをしなければならぬようである。

2　グッルヴェイグの虐殺と再生

先の「ユングリンガ・サガ」四章の伝承には、アースとヴァンの両神族がいかなる理由で戦争状態に立ちいたったかが明記されていない。この点では『詩のエッダ』の「巫女の予言」の記述が無視できないだろう。つぎの訳文では、「かの女」はこの詩歌を語る三人称としての「巫女」をさし、「彼女」は繰り返して焼殺されたグッルヴェイグを表わしている。

かの女はおぼえている、
この世で最初の戦闘を。
それは彼らがグッルヴェイグを
槍で突き刺し、
ハールの館にて
彼女を焼いたときのことだ。
三たび焼いたが
三たび生まれくるその女を、
しばしば、繰り返して焼殺したが、
それでも彼女はなお生きている。

それぞれの家々を訪れ、
予言にすぐれた巫女なる、
その女性を彼らはヘイズと呼んだ。
彼女は魔法の杖を操り、

（「巫女の予言」21）

彼女はセイズ（呪術）に熟達し、
彼女はセイズに取り憑かれていた。
彼女は邪まな女たちにとって
　つねに官能的な歓びだった。
(22)

そこで支配神たちは、
いとも神聖なる神々は、
みなひとしく裁きの座に赴き、
この一件に思いをこらした。
はたしてアィシルが
罪科を負うべきか、
それとも、かの諸々の神々が
貢ぎ物を得るべきかと。
(23)

オージンは敵勢のなかへ
槍を投げ放った。

それがこの世で
最初の大戦となった。
アースの砦の
木柵は打ち破られた。
闘争を予見しうるヴァンたちは
戦いの野を蹂躙《じゅうりん》しえた。　（24）

さて、「巫女の予言」21節に見えるハールというのは、「高き者」の意味でオージンの別名である（第一章3節）。この記述によれば、グッルヴェイグという名の女性が、そのハールの館にて「槍」で刺され、何度も繰り返して「焼かれた」ことからアィシルとヴァニルの闘争が始まったことになっている。「この世で最初の戦闘」と呼ばれている。幾たびも彼女を「焼殺」したが、それでも「彼女はなお生きている」と記されている。しかし、はたしてこれは真の意味での「戦闘」（víg）であろうか?

グッルヴェイグは字義的には「黄金の呪力」を意味するので、「黄金で身を飾り立てた乙女」の姿が連想される。しかしその正体が不明だ。なかば意図的に正体が隠されているようにみえる。彼女の名の第一要素グッル（gull）は、「黄金」を意味することは疑いないが、その第二要素ヴェイグ（veig）については、ソールヴェイグ、アールムヴェイグなどの女性名に使用される一方で、「強大な力」および「強い酒」の意味を兼ねて多義的である。多分に、詩人たちは、「酩酊」と詩作における「陶酔」状態との連想から、ヴェイグを「詩歌」を表わす語として用いたのだろうと推定されている。(7)

著名な比較神話学者のジョルジュ・デュメジルは、グッルヴェイグを「黄金の飲物」または「黄金の陶酔」の意に解し、ヴァニルからこれを贈り与えられたアィシルは、「彼女を精錬によって罰した〔金の精錬の詩的イメージ〕が、その害を食い止められなかった」と説明している。そして「とくに（アースの）女性の間に堕落を惹き起こした」と付言している（松村訳）。(8) しかし、はたして「巫女の予言」21節を、「金の精錬の詩的イメージ」と解するデュメジル説は妥当であろうか？

同じくデュメジルは、「富裕で煽情的なヴァンはアースのもとに禍の種としてグッルヴェイグ（黄金の酩酊）と呼ばれる女を送り、ことに女たちの心を惑わせた」と説いているが、(9) その一方では、「アースとヴァンの原初の戦争は、両者の共存を正当化するような、ある面では概念的対立」にすぎないと主張し、むしろ両者の「相互補完性」と「連帯性」を示す神話だとみなしている（松村訳）。

戦争と対立よりも、両神族の「和解」と「合一」のモチーフが重要だというデュメジルの解釈は[10]、「ユングリンガ・サガ」の記述を見るかぎりはおそらく正鵠を得ているだろうが、ヴァンからアースたちに「堕落」と「禍」を招く女性を送り込んだ、という説明と結果的には矛盾をきたすように思う。ちなみにE・ターヴィル＝ピーターもデュメジル説に同調して、グッルヴェイグを「黄金による陶酔状態」と解釈し、この貴金属によってアース神界に「狂気と堕落」がもたらされたと説いている[11]。

だが、もし「狂気と堕落」を招く「禍の種」としての贈物であったのならば、なぜグッルヴェイグという女性でなければならなかったのだろうか？　あたかも戦争の原因の大半がヴァン神族に帰せられるかのごとき解釈だが、アースたちにその責任がないのであれば、なぜ彼らは会議を召集して、「はたしてアィシルが罪科を負うべきか、それとも、かの諸々の神々が貢ぎ物を得るべきか」を討議したのだろうか[12]？　従来の解釈では、これらの問いに対する妥当な解答を見出すことができないように思う。

3　黄金で飾られた乙女

グッルヴェイグはヴァニルからアィシルへと一方的に送りこまれたわけではあるまい。

先述したようにグッルヴェイグの名は多義的だが、まず基本的には、「黄金で身を飾った乙女」の姿を思い描くことから議論を進めよう。

古英詩『ベーオウルフ』に「黄金で飾られた」（gold-hroden）という定型表現が認められる。戦士がかぶる兜の頂きに輝く「猪のしるし」を形容した用例（三〇三—〇五）を除けば、他の四例は、「黄金に燦然と輝く」王妃や王女の姿を表わしている。

ヘレン・ダミコが着目したように、デンマーク王の館にて、王妃ウェアルフセーオゥやその息女フレーァワルが、異郷の勇士ベーオウルフ（南西スウェーデンのイェーアト出身）をふくむ戦士たちに酒杯をついでまわるときに、この表現が用いられている。王の名はフロースガールで、その王館はヘオロト（「牡鹿」の意）と呼ばれ、秀麗にして「黄金に輝いて」（gold-fah）いたと記されている。[13]

王妃ウェアルフセーオゥは夫君フロースガールに対しても、「この酒杯（ful）を受けられませ、臣下への宝物の贈与主なるわが主君よ、幸《さき》くあられますように」、と語りかけながら美酒をすすめている（一一六九—八七）。

ダミコ女史が鋭く分析したように、古英語の ful「酒杯」は古ノルド語 full と同系であり、後者は「異教古来の犠牲祭（ブロート）において、神聖なる誓約が交わされるときに供与された酒杯」であった。したがって、ダミコによれば、高貴な女性がその「聖なる酒杯」を王や戦士のために注ぐという行為は、「きわめて儀礼的な意義」を有し、「黄金で飾られた」(gold-hroden) という美称は、単に王妃の「高貴な地位」を表徴しているばかりではなく、「女戦士」もしくは「ヴァルキュリャ」(戦死者を選ぶ乙女) としての特性を示唆しているとされる。(14)

確かに、エッダ詩に登場しているヘグニの娘シグルーン、エイリミ王の娘スヴァーヴァ、ブズリの王女ブリュンヒルド、そして勇者シグルズの妻グズルーンなど、一連の女性像には「兜や鎧をまとう女戦士」の性格が認められる。また勇者を守護し、ときにはその死をまねくヴァルキュリャ的な特性を合わせもっている。(15)

詩歌『ベーオウルフ』に登場する王妃ウェアルフセーオゥは、「黄金の宝冠」を戴き(一二六三)、「この世でもっとも見事な首飾り」(一一九五—九六) の所有者として描かれている。とくにその首飾りについては、古伝承のブロージング (Brosing) の首飾りに匹敵するものだと記されている (一一九七—一二〇一)。したがって、このデンマークの王妃は、ブリーシング (Brísingr) という名の「黄金の首飾り」を所有している女神フレイヤの特性を内に秘めている、というダミコが下した結論は基本的には間違ってはいない。(16) しかし問題はより複雑であると思う。

『ベーオウルフ』の詩中では、この首飾りの持ち主が転々と変わり、王妃ウェアルフセーオゥから勇者ベーオウルフへ、そしてベーオウルフからイェーアト国（南西スウェーデン）の王妃ヒュイドへ、さらには主君ヒュイェラークが所有するところとなっている。その首飾りを着けたヒュイェラーク王はフリージアにて戦死したという、不気味な挿話が付加されている。こうして首飾りは、ひとたびはダグフレヴン（「昼の鴉」の意）という名のフリージア兵の手に渡るが、ベーオウルフがそれを奪い返している。このように数奇な運命をたどる首飾りとそれをめぐる登場人物の関係については、詳しい議論を提示したので参照ねがいたい[17]。

要するに、「異族の客人」を交えた宴席にて「酒杯」を注いでまわる王妃の最も重要な役割は、出身と利害を異にする人々の間の「平和の結束」（friðu-sib）を固めることであった（二〇一七）。『ベーオウルフ』の中で、王女が「異族間の平和」を取り結ぶために、いわゆる政略結婚の道具とさせられた幾つかの挿話が記されている。たとえば、フリージア王フィンに嫁いだデンマークの王女ヒルデブルフ、またアングル族の王オッファと結婚したモードスリューゾ、およびゲルマーニアのヘァゾバルド族の王子インゲルドと政略結婚させられたデンマーク王女フレーァワルの話などがある。

典型的には、「平和を織りなす女性」（freoðu-webbe）という用語は、敵対もしくは潜在的に対立する部族の間で「和平の協定」をむすぶために、花嫁となる王女を表わしている。いわば異族に輿入《こしい》れさせられる王女は、理念としての「平和」を表徴している。
　だが、提示されたエピソードをみると、その理念すなわち民の念願が実現する場合と、裏切られる場合とがある。たとえば、「平和を織りなす女性」という名称を冠せられたモードスリューゾについて、結婚する以前には、「彼女に色目をつかう」家臣をことごとく殺害した恐るべき王女として描かれているが（一九三一―四三）、異族の王と結婚してからは、その性格が一変したという。最初はきわめて残忍であった王女について、つぎのような記事が加えられている。

　さすがにその女性も　　　　　黄金に飾られて、
若き戦士、　　　　　高貴なる家柄に嫁ぐや、
もはや民の殺戮《さつりく》　　　　敵意ある所業は
止むところとなった。　それは王女が
父の命に従い、　　　オッファの館をめざし、
黄緑の海原をこえて　　　　婚礼の旅をしてからのことだ。
（『ベーオウルフ』一九四六―五一）

烈女モードスリューゾの出身は不明だが、オッファはユトランド半島のアングル族の王である。注目すべきことに、「黄金に飾られて」(gold-hroden) という表現は、まさしく真に「平和を織りなす女性」として完全に変貌をとげた王女の、花嫁の出で立ちである。「若き (geong) 戦士」は彼女の花婿となるオッファをさしている。加えて、花嫁とその一行がはるばる海を渡りゆき、オッファの「館」(flet) をめざすという表現がみえることに着目したい。

もうひとつの類例を提示しておこう。ベーオウルフ自身がデンマークのフロースガール王の館で見かけた、王女フレーァワルについての回想録として語られている。

時折、熟練の戦士たちの前にて、　フロースガールの息女が
兵士たちにかわるがわる　エール酒の杯を注いでまわるその時に、
館に座す者たちが　彼女のことをフレーァワルと呼ぶのを
私（ベーオウルフ）は耳にした。　それは王女が武人たちに
宝玉の杯を注いだときのこと。　若々しく、黄金に飾られた彼女は、
フローダ王の栄えある子息と　許婚《いいなずけ》だという。
国の守護者にして　シュルド族の友輩なる王にとっては、

これぞ念願にかなうことでした。　　　王はその娘の結婚によって、
打ち続く殺戮《さつりく》と　　　激闘に終止符をうつことが
最善の策と心得ているのです。　　　　　　　　　（二〇二〇―二九）

前の用例と同じように、「黄金に飾られた」（gold-hroden）という表現が、近いうちに花嫁となるべき王女を形容し、「若々しい」（geong）という語と共起している。ただしこの場合の「うら若さ」は前例と異なり、花婿ではなく、花嫁フレーァワルの形容詞として用いられている。ここでも「館」（flet）に集った「兵士たち」のために、王女が「酒杯」を注いでまわり、いわば戦士集団の「結束」（sib）を固めるという神聖なる役割りを演じている。(18)

「フローダ王の栄えある子息」は、ゲルマーニアのヘァゾバルド族の王子インゲルドをさしている。詩歌の中でより具体的に記されているように（二〇四七―五六）、その当時、六世紀の前半に、シュルド族とヘァゾバルド族は敵対関係にあった。その記録によると、ヘァゾバルド族のフローダ王とその側近の士ウィゼルユルドが、シュルド族との戦闘で殺されている。そこでシュルド族の「守護者」（hyrde）なるフロースガール王は、積年の不和を解消し、「激闘に終止符をうつ」ために、おのが息女フレーァワルをまさに「平和

を織りなす女性」としてヘァゾバルド王家に嫁がせたというのだ。

しかしこの政略結婚は失敗に終った。詩中に言及されているように、殺された父君の仇討ちをインゲルドに進言する者がいて、若君の胸中にシュルド族に対する「憎悪の念」が湧きおこり、「新妻への愛情も冷めていった」（二〇六五―六六）と表現されている。復讐の念に燃えて、インゲルドはデンマークに軍を進めたようである。

古英詩「ウィードシース（遠く旅ゆくもの）」の一節に、デンマークに攻め入ったインゲルドの軍兵をヘオロトの館で討ち果たしたという記事がみえる。

甥と伯父なる　　　　フローズルフとフロースガールは
ともに長い間　　　　同族のよしみを保っていた。
それは彼らが　　　　蛮族の急襲を撃退して、
インゲルドの軍勢を　　　屈服させ、
ヘァゾバルド族の軍兵を　　　ヘオロトの館にて切り倒して以来のこと。
（「ウィードシース」四五―四九）[19]

フロースガール王とその甥フローズルフは、「同族の結束」（sib）という表現にみられるように、「ともに長い間」友好関係にあったと記されているが、『ベーオウルフ』の詩歌では、やがて両者が激しく敵対することが示唆されている。「黄金の冠をいだく」王妃ウェアルフセーオゥが、「伯父と甥なる両名の近くに座した」、そのときには、「まだ彼らの間にはともに友好（sib）があり、互いに相手に対して信義を重んじていた」と記されているように（一一六二―六五）。

右の「ウィードシース」によれば、デンマークに攻め入ったインゲルドの軍兵が返り討ちにあったような記事になっている。加えて、その殺戮の現場が「ヘオロトの館」であることに着目すべきだろう。いずれにせよ、主人公ベーオウルフ自身は、「ヘァゾバルド族の好意と、同盟の約定（dryht-sibb）、そしてデーン人と結ぶ友好関係が、真正なるものにして堅固だとは思いがたい」、と発言して回想録を締めくくっている（二〇六七―六九）。

こうしてシュルド族の王フロースガールの思いとは裏腹に、敵国に「平和を織りなす女性」（freodu-webbe）として送りこまれた王女は、哀れな運命をたどらされたようである。その顚末《てんまつ》は定かではないが、つぎのような無視できない記述が残されている。

よくあることだが、
主君（フローダ）が討たれたというのに　　殺戮の槍が

しばらく眠ることはごくまれでしょう、　いかにその花嫁がすぐれていても。
（二〇二九―三一）

「黄金に飾られた」(gold-hroden) 花嫁が、最期にはその「殺戮の槍」(bon-gar) によって殺されたかのように読める。これまでの論旨に基づけば、フレーァワルが殺された現場は、ヘァゾバルド族（「戦闘の髭」の意）の「王館」(flet または sele) の中であると推定できる。

かなり遠回りをしたようだが、こうしてきわめて重要な仮説を提示できるだろう。おそらく『ベーオウルフ』詩人は、「槍」で突かれ、「ハールの館」にて「三たび焼かれて、三たびよみがえった」、あのグッルヴェイグの神話をここで想起したにちがいない。

まさしくグッルヴェイグは、「敵対関係」（または潜在的不和）にあったヴァニルとアィシルの異族間で「平和（古ノルド語 friðr）を織りなす」ために、ハール（オージンの別名）の「館」(höll) にやって来た花嫁であった。それが「黄金に飾られた神秘の女性」を意味するグッルヴェイグの本有の姿だったと思う。[20] 少なくとも原神話においては、アース神族に対して「災厄」や「堕落」を招くために送りこまれたわけでは断じてありえない。

4　ヴァン神族との和平

ヴァン神族の主神ニョルズについて、「きわめて富裕」で、祈願する者には「土地も動産も授けてくれる」と記され、一方その息子フレイに対しては、「豊饒と平和を祈願するとよい」とされ、「人間の裕福さを支配する」神として崇拝された。またニョルズの娘フレイヤについては、夫のオーズのゆくえをさがし求めて各地を遍歴したとき、その涙が「赤き黄金」に変じたという（「ギュルヴィの幻惑」二三―二四、三五）。

このようにヴァニルの三神（トライアッド）には、それぞれ役割りを分担しながら「富と豊饒と平和」を司る特性があった。したがって元来、グッルヴェイグは、両神族の間で「和平の誓約」を交わすために、アースたちの中のある特定の神への花嫁となるべき女性だったと推定できる。しかしアースたちは、グッルヴェイグの神秘的な美しさと身につけていた黄金の魔力に抗うことができずに、ヴァニルの共同体から彼女を掠奪したのだと思う。いわば、グッルヴェイグという名は「黄金の光輝を放つ女性の魅力」と「黄金の魔力」の両方の意味を兼ねそなえている。(21)

比較言語学者のエミール・バンヴェニストが鋭く分析してみせてくれたように、印欧諸語には「結婚」を意味する一般語が存在せず、フランス語 mariage、ドイツ語 Ehe（原義は「契約」）、ロシア語 brak（「掠奪する」という動詞概念からの派生）などは、後代の副次的に発達した概念にすぎない。すなわち原始時代と古代の印欧系の人々にとって、男性が「妻をめとる」ことは、「家に女性を導き、連れて来る」（動詞語根 *wedh-）ことを意味し、花嫁の父にしてみれば、娘を或る男に「与える」（ギリシア語 dounai、ラテン語 dare、ゴート語 fragiban その他）という用語で表現した。(22)

同様に古ゲルマンの社会においても、Kaufehe「購買による婚姻」という語に表徴されるように、結婚は本来、「花婿と花嫁の父の間で取り決められる商業的な契約」であり、いわば花婿の側が婚資金との交渉の上で、いわば女性を「買い取る」という意味があったとされる。(23)

グッルヴェイグの問題に立ち返ると、「彼らがグッルヴェイグを槍で突き刺し、ハールの館にて彼女を焼いたとき」（「巫女の予言」21）に、両神族の「闘争」を誘発したのであるから、彼女は正式の結婚によって「ハールの館」に連れて来られたわけではないだろう。原語の fólk-víg は、民が総動員で参加する「総力戦」といった意味合いを有する。したがって21節に見える、「この世で最初の戦闘（fólk-víg）」は、字義的には両神族の間に間に勃発した一大戦争を意味している。しかし、それに加えて、「ハールの館」に寄り集ったアースたちの「性的な行為」が暗示されていると読解できる。ハールという名称は「高き者」を意味し、基本的にはアースの主神オージンをさしているのだが、複数与格形の「槍」(geirom)は、まさに複数の男たちのファロスを象徴している。グッルヴェイグというひとりの女性がアースたちによって凌辱される光景を思い浮かべざるをえない。

アースたちは「黄金で身を飾り立てた」その神秘の女性の魅力に抗いがたく、まさに「集団の暴力」に及んだと読める。彼らの凌辱行為は、まさに異族間の「平和」の契約をふみにじることに等しい。したがって異族ヴァニル出身のうるわしき女性を犯したことを、比喩的に「この世で最初の戦闘(fólk-víg)」と呼びなしているのだ。両義的に解釈して、「激闘」の訳語を与えた方がよいだろう。第六章で扱うように、バルドル殺害神話にも共通する「集団による迫害(または殺害)」が本著のキーワードになる。

ちなみに、グッルヴェイグの名に含まれたveigは、語源的にvíg「戦闘」と関連を有する。[24]「三たび焼いたが、三たび生まれくるその女を、しばしば、繰り返して焼殺したが、それでも彼女はなお生きている」という記述において、女性を「繰り返して焼殺する(brenna)」ことは、集団によるレイプの暗喩にほかならない。「三たび焼く」という表現は、アースたちの中の三神の直接的な関与を示唆していると考えられる。

先に引用した「ユングリンガ・サガ」三章の記録がここで想起されてくる。オージンの不在中に、妻神フリッグは、オージンの兄弟ヴェーとヴィーリル（別名ヴィリ）と褥《しとね》をともにしたというのだ。三たび焼かれても、「三たび生まれくる」というグッルヴェイグは、まさしく三兄弟と愛を交わしたフリッグの別名であると推定して間違いはあるまい。

別伝によれば、オージンの神像を建立するために必要な黄金を、フリッグ（ラテン名フリッガ）は、召使いたちに春をひさぎ、彼らをたぶらかして、自分を飾り立てるために奪い取ったとされる。これを記したキリスト者のサクソ・グラマティクスは、このように不貞をはたらくフリッグは「神の妻としてふさわしくない」、と付言している（『デーン人の事績』一書二五）[25]。

こうした伝承は、異教神を貶めるための比較的後代の所産ではあるものの、かえって地母神に特有の「性愛の女神」としての本質を言い当てている。たとえば古代の中東においても、性は大地の豊饒をたかめるとみなされ、ナンナやイシュタルなどの地母神には、性に関して放埒な特性が認められる[26]。あとで補足するように、「運命の女神」としての性格を兼ね備えたフリッグこそ、「グッルヴェイグ」（黄金で飾られし乙女）という異名をもつにふさわしい。言いかえると、フリッグは「ニョルズの妹（イモ）」であったが、「和平の契約」のしるしとして「異族に嫁いだ高貴な女性」の面影がある。

「ユングリンガ・サガ」三章に登場するオージン、ヴェー、ヴィーリル三兄弟のうち、後者ふたりについては、順番が入れ替わってオージン、ヴィリ、ヴェーの名で列挙される場合がある。ヴィーリルは比較的後代に生じたヴィリの異名で、ヴィリは「祈願」を意味していた。[27] そしてヴェーは「聖地」や「神殿」の意味であったが、これまた注目すべきことに、グッルヴェイグの名の第二要素 veig「力、強い酒、(呪力の旺盛な) 巫女」と語源的な関連がある。

また veig は、動詞 vega「(魔物と) 闘う、(宿敵を) 討伐する」と関連する言葉であり、「戦闘力」に加えて、「勢いよく生長する」ことを表わす「豊饒力」の意味を有していたとされる。言語学者のヨスト・トリエルによれば、右に記した veig の多義性は、(1)「聖別された囲い地」、(2)「(特定の) 男性集団」、(3)「(彼らが催す) 祝宴」、そして (4)「宴会で供用される (宗教的な陶酔状態に陥らせる) 強力な酒」というふうに、意味が発展したと推定しうる。[28] この語源解釈に基づくならば、三兄弟神が神秘的な女性グッルヴェイグと交わることは、その呪力を身にまとい、神威を昂めるための呪的な行為であったといえるだろう。

5 運命の女神

オージン、ヴィリ、ヴェーの三兄弟が協同で原古の巨人ユミルを討ち果たし、「天地の支配神」になったという神話がここでふたたび想起されてくる。いわばその巨人を殺して天地を「創成する」（gera または skapa）という偉業と、三たび焼殺したグッルヴェイグを三たび「蘇生させる」（borna）呪的行為が、根底において緊密に連合されている。ちなみにここで括弧を付した動詞は、つぎの詩歌にも見られるように相互に連関されていた。

大地が創成されるよりも
はるか以前に、
ベルゲルミルが生まれていた。

（「ヴァフスルーズニルの語り」35）

大洪水の難を逃れた巨人ベルゲルミルの神話を複合的に解釈すべきことについてはすで

に述べた。ベルゲルミルとその妻が不可思議なルーズ（「揺りかご」と「棺桶」）に乗って、「ユミルの血」が変じた「海」を漂泊したのちに救出され、「霜巨人の種族がこのふたりから発した」というのだ。先述したように、sveiti はユミルの「汗、血」および「海波」の意味を有し多義的である。

右の詩歌において、大地が「創成される」（skapa）ことと、殺されたユミルになり代わって、新たなる巨人族の始祖になるベルゲルミルが「誕生した」（var borinn）ことが緊密に連想されている。

もうひとつの例をあげると、ノルニルの名で総称される「三人の運命女神」について、つぎのように付記されている。「さらに他のノルニルがいて、人が生まれくると、寿命を決定するためにそこへやって来る」（「ギュルヴィの幻惑」一五）。この世に人が「生まれる」（er borinn）ことが、寿命を「決定する」（skapa）ための運命女神の来訪を導いている。

ここに記された「さらに他のノルニル」という語句は、ウルズ、ヴェルザンディ、スクルドという三女神のほかにも、「アース神の出身」および「妖精族の出身」の運命女神がいたことを示唆している（「ファーヴニルの語り」13）。「アース神の出身」のノルニルは、オージンの妻神フリッグ以外に考えられない。[29] というのは、ヴァナディース（「ヴァン神族の守護女神」の意）と称されたフレイヤが、運命女神としてのフリッグの力能が傑出していることをつぎのように言い放っているからである。

「フリッグは自分では黙っているけれど、
私（フレイヤ）が思うに、
これから先の運命のことはすべてお見通しなのですよ」

（「ロキの口論」29）

グッルヴェイグの本性を解く鍵は、「巫女の予言」20節にひそんでいる。「樹の下にある、かの湖から、知恵深き三人の乙女がやって来る」と語り出され、例の運命の三女神ウルズ、ヴェルザンディ、スクルドの名が紹介されている。それぞれの名称は、「成れるもの」、「成りゆくもの」、「成るべきもの」と意訳でき、およそ過去、現在、そして未来の三つの時間相を表象した名前となっている。(30)「樹の下にある、かの湖」は、先行する詩節に歌われた「ウルズ（運命）の泉」をさし、「その上にいつも緑なす」世界樹ユッグドラシルがそびえているとされる。

ウルズの「泉」（brunnr）が、後続する20節では「海」（sær）と表記されている。こここでは便宜的に「湖」と訳したが、豊饒なる水の根源地としての「泉と海」を宇宙論的に融合させた表現である。神話の語りにおいて、ミクロ（微視的）がマクロ（巨視的）に容易に転じることは、ユミルの「肉から大地が、頭蓋骨から天空が」それぞれ生じたという神話にも典型的に認められる。[31] そこに共通するのはアナロジー（類比）の思想である。

6　「槍の神」オージンの自己犠牲

さて、こうして「巫女の予言」20節で、三人の運命女神の名をあげた後に、「かの女たちは、人の子らに寿命を定め、運命を告げる」と記され、ついで間髪を入れずにグッルヴェイグ虐待の神話が語りだされているのだ。グッルヴェイグを何度も突き刺した「槍」の柄はトネリコ製であるから、19―20節で詠みこんだトネリコの世界樹のイメージを引きずっている神話だといえる。

世界樹ユッグドラシルという世界樹の名は「ユッグの馬」を意味し、ユッグという名は、「槍に傷つき」ながら、その大樹にぶら下がる苦行に耐えるオージンの別名であった。「絞首の神」オージンと世界樹の名前がなぜ緊密な関連を有するかについては、拙論を参照願

いたい。(32)

我おぼえあり、
風吹きすさぶ大樹《おおみき》に
槍の創痕　身に帯びて
九夜のあいだ身を吊りて、
我みずからがオージンに、
我みずからに捧げたり。
いかなる根より茂れるか、
たれになりとも知られざる
かの大樹に。

（「ハーヴィの語り」138）

ここで「我」というのは、ハーヴィすなわち「高き者」と称されたオージンをさしている。オージンはみずからの神槍グングニルを有していたが、ここに記された「槍」と同一視しうるか否かは定かではない。ここでは九夜の断食の後に、ルーンの秘儀を獲得し、九つの呪歌を習得したとあり、また「貴重な蜜酒」を飲みほすことによって、「賢くなり、成長をとげ、健やかになった」(『ハーヴィの語り』141)という。「絞首者の神」(ハンガ・テュール)の呼び名があったオージンは、「槍」に傷つき、「死と再生」の自己犠牲を執行しているのだ。

ハーヴィ(ハールの異名)という名前ばかりか、「槍」による殺しの擬制、および「蜜酒」のモチーフが共起している。「ハールの館」で発生した、グッルヴェイグの模擬的な虐殺の場面を連想せざるをえない。グッルヴェイグの名は「黄金色の酒」を意味していたが、ハールの館において「死と再生」の儀礼を執行するために、グッルヴェイグは「聖なる蜜酒」を神々にふるまう乙女だったのではないかと推定しうる。

「アルヴィースの語り」34節によれば、酒のことを、人間は「エール」、アース神は「ビール」、そしてヴァン神族は「ヴェイグ」と呼び、冥界ではこれを「蜜酒」(ミョズ)と呼んだという。この伝承に従えば、ヴェイグと称する酒がヴァン神族に本有のものであったことになるが、別の詩歌では、「輝けるヴェイグ」という言い回しが「蜜酒」をさす言葉として用いられているのだ(『バルドルの夢』7)。ヘイズ「輝くもの」という異名を持つグッルヴェイグは(『巫女の予言』22)、したがって「黄金色に輝く蜜酒の女神」と定義できるだろう。[33]

7 性的な恍惚と陶酔

以上の考察から、グッルヴェイグは、アースの神々によってヴァン神族から掠奪された女神フリッグであると結論づけることができる。「それぞれの家々を訪れ、予言にすぐれた巫女なる、その女性を彼らはヘイズと呼んだ」(22)と記されている。ヘイズ(「輝くもの」の意)は「生と死の呪術」を駆使するフリッグのもうひとつの別名であろう。彼女は「魔法の杖」を操り、「セイズという呪術に熟達していた」ことが付記されている。先述したように、「ヴァニルの間に流行していたセイズという呪術」を、「最初にアース神たちに伝授した」のはフレイヤであった(「ユングリンガ・サガ」四)。この記述に照らして、グッルヴェイグの正体を女神フレイヤとみなすことが従来の通説であった。[34] しかし、セイズは「ヴァニルの間に流行していた」と明記されているのだから、運命女神の特性が濃厚なフリッグこそ、この呪術の「最高の熟達者」であったとみなす方が理にかなっている。

グッルヴェイグの名は、「光輝を放つ黄金」と「平和を取り結ぶ、黄金の花嫁」、また、死と再生の呪術に必須とされた「黄金色に輝く蜜酒」を意味していた。そして、ヘイズ

蜜酒の女神フリッグと八本足の馬に乗る神：ゴトランド島の画像石（後800年頃）

「輝くもの」という異名には、これらの複合概念を統一する響きが感ぜられる。

ヘイズは、家々を訪れて、「予言にすぐれた巫女」としての能力を発揮したとされ、アース神界にその呪術を流行させ、「邪まな女たちにとってつねに官能的な歓びだった」(22)と記されている。

ここに「官能的な歓び」を意味するanganという語が置かれているということは、セイズが「性的な恍惚」と「宗教的な陶酔」を包括した呪術であったことを示している。そしてこの呪術へのすべての参与者たちを忘我状態（エクスタシー）へと駆り立てるものは、狂乱的な饗宴（オールジ）に欠くことのできぬ「蜜酒」であり、また当然のことながら、「予言にすぐれた」巫女の存在であった。

注目すべきことに、同じ「巫女の予言」の53節で、夫神オージンをさす言葉として「フリッグの歓び（angan）」という表現が用いられている。グッルヴェイグすなわちヘイズの正体が「官能的な妻神」フリッグであることは、もはや疑いないように思える。[35] さらに大胆なことを言えば、この「巫女の予言」（Völuspá）という詩歌そのものにおいて、「戦死者の父」にして「詩と予言と蜜酒の神」なるオージンの要請にしたがい、「命ある者らの古言《ふるごと》」を語りあげている巫女自身のすがたに、まさしく「予言にすぐれた」（vel-spár）妻神フリッグの原姿が投影されているのではないだろうか。

註

（1） アースの複数は、古ノルド語では「エーシル」に近い発音だが、集団名として現代アイスランド語でも一般化しているので、現代語風に「アィシル」と呼ぶことにした。

（2） 第一章（15）Aðalbjarnarson, 12-13.

（3） Dag Strömbäck, *Sejd: Textstudier i nordisk religionshistoria* (Carl Blom, 1935) 121.

（4） Peter Buchholz, "Shamanism: the Testimony of Old Icelandic Literary Tradition," *Medieval Scandinavia* 4（1971）7-20. なお、セイズ呪術に関する略述は拙稿参照。第一章（19）Mizuno, 21-22.

（5） なお「三組み神」について発言したのは、河合隼雄が主張した、アマテラス・ツクヨミ・ス

(5) なお「三組み神」について発言したのは、河合隼雄が主張した、アマテラス・ツクヨミ・スサノヲの三神にみられる「中空構造」の説を意識したから。河合隼雄『中空構造日本の深層』(中央公論社、一九八二)四一。近日中に、北欧の三組み神についての卑見を提示する。

(6) オージンの没後、スウェーデンを「平和」に統治し、「豊饒」の時代を築きあげたニョルズとその後継者フレイの伝承を参照。なお、拙論でも論及済み。第二章(31)水野、一四〇―四二。

(7) Richard Cleasby & Gudbrand Vigfusson, eds. *An Icelandic-English Dictionary* (1874: rpt. Clarendon, 1975) 690.

(8) 次の和訳と英訳を併用した。ジョルジュ・デュメジル『ゲルマン人の神々』松村一男(訳)(日本ブリタニカ、一九八〇)三一。Georges Dumézil, *Gods of the Ancient Northmen*, tr. Einar Haugen (U of California P, 1973) 8 & 24.

(9) 松村(訳)、六〇。

(10) 松村(訳)、三九。

(11) E. O. G. Turville-Petre, *Myth and Religion of the North* (Greenwood, 1964) 158-59.

(12) このような疑問を幾つか提示して、拙論でその解決策をさぐった。水野知昭「グルヴェイグをめぐる神々の闘争」、『日本大学工学部紀要』分類B　第23巻(一九八二)九九―一一一。

(13) Helen Damico, *Beowulf's Wealhtheow and the Valkyrie Tradition* (U of Wisconsin, 1984) 74-75.

(14) Damico, 54.

(15) Damico, 78.

（16）Damico, 84-85.

（17）Tomoaki Mizuno, "The Magical Necklace and the Fatal Corslet in *Beowulf*." *English Studies* 80, No. 5（1999）377-97.

（18）同族の「結束」の基本概念については次著参照。John M. Hill, *The Anglo-Saxon Warrior Ethic: Reconstructing Lordship in Early English Literature*（UP of Florida, 2000）154-55. および「客人款待と友好」については拙論参照。第一章註（5）Mizuno, 4-5; 34-38.

（19）Martin Lehnert, ed. *Poetry and Prose of the Anglo-Saxons*, vol. I（Max Niemeyer, 1960）12 & 81.

（20）本章（12）水野、一〇六―一〇九。

（21）本章（12）水野、一〇六。

（22）Emile Benveniste, *Indo-European Language and Society*, tr. Elizabeth Palmer（U of Miami P, 1973）193-97.

（23）Jenny Jochens, *Women in Old Norse Society*（Cornell UP, 1995）17-18.

（24）「神聖なる戦闘」については拙論参照。第一章（6）水野、一〇四―一〇五。

（25）Peter Fisher, tr. & Hilda Ellis Davidson, ed. *Saxo Grammaticus: History of the Danes*（D. S. Brewer, 1979）25-26. あわせて邦訳参照。谷口幸男（訳）『デンマーク人の事績』（東海大学出版会、一九九三）三三―三五。

（26）本章（12）水野、一〇七―一〇九。

（27）第二章（13）Simek, 362.

(28) 第二章（7）de Vries, 650-51.
(29) 水野知昭「バルドル殺害神話の形成―大地母神と運命女神崇拝―」『エポス』第6号（一九八一）二六―四六。
(30) 水野、三五―三六。
(31) 水野知昭「馬に乗る神々と世界樹トネリコ」『日本アイスランド学会会報』18号（一九九八：一九九九刊）二八―三九。ミクロとマクロの視野の転回については、三六―三七。
(32) 水野、二八―三二。
(33) 「蜜酒の女神」グッルヴェイグと「ブドウ酒の神」ディオニュソスの類似を指摘し、共通の起原を探ろうとした拙論を参照。本章（12）水野、一一一―一一二。
(34) 本章（11）Turville-Petre, 159.
(35) 本章（12）水野、一〇七―一〇八。

第四章　掠奪された若返りの女神

1　牡牛料理の神話

神々の若返りを司る女神のイズンが巨人スィヤチによって掠奪され、神界が混乱に陥るという話がある。まずその話の粗筋を記しておこう。

オージン、ロキ、およびヘーニルの三神が旅に出立した。山々や荒蕪の地をこえてゆくうちに、食糧に事欠いた。とある谷間へ降りてゆくと、彼らは牡牛の群れを見つけた。その一頭を捕えると、穴蔵に運んだ。

彼らはそろそろ肉が焼けた頃だと思い、その穴蔵を開けてみたが、まだ焼きあがっていなかった。それから再び頃合いをみて、また穴蔵を開けてみたが、それでも出来ていなかった。そこで彼らは、いったいどうなっているんだろう、と話し合った。

すると、自分たちの頭上のオークの樹の上から声が聞こえてきた。そこに止まっている奴が、その穴蔵で料理が仕上がらないのは俺さまのせいだと言っていた。彼らがその方を見やると、そこにけっこう大きい一羽の鷲がとまっていた。

その鷲はそれからこう語った。「お前さんたちは、その牡牛の分け前としてこの俺に存分にくれてやろうという気にならんか。そうすりゃ、その竈《かまど》でうまく焼けるのだがな」。

彼らはその申し出を認めた。すると、そいつは樹から舞い降りてきて、竈にとまると、すばやくまず最初に牡牛の腿肉を二切れと両方の肩肉を分捕って行った。

そこでロキが怒って、大きな棒をつかみ上げると、渾身の力で振り回し、鷲の体めがけて突いた。鷲はその打撃をかわして飛び上がった。と、その時、棒が鷲の後尾に突き刺さったが、その反対側の棒の先はロキの手でしっかり握られていた。鷲が高く飛びゆくたびに、ロキの両足は、岩、崖の石、また林などにぶち当たった。それでロキには、自分の腕が両肩からもぎ取れそうに思えた。彼は声をはり上げ、鷲にひたすら「和解」(friðr) を乞うた。すると、相手はこう答えている。「イズンを彼女のリンゴもろともにアースガルズの外に連れ出すことを、固く誓うのでなければ、ロキは決して自由な(lauss) 身になれない」と。ロキはその通りにしようと約束した。そこでロキは解放され（lauss）、自分の仲間たちのもとへ帰って行った。彼が帰郷するまでは、その旅について特に語るべきものは何も無い。
　さて、示し合わせた刻限に、ロキはイズンをアースガルズからある森の中へ誘い出すのだが、その時にこう言ったのだ。「私はあなたがぜひ入手したいと思うようなリンゴを幾つか見つけましたよ」と。そして、彼女が自分のリンゴを持って行き、それらと比べてみるべきだ、と奨めたのだ。そこへ鷲の羽衣をまとって巨人スィャチが現れ、イズンをつかみ捕らえると、そのまま飛び去り、スリュムヘイムの自分の館に向かったのである。

（「詩語法」一一[1]）

いろいろとおもしろい問題を含んでいるので、それらを整理しながら粗筋を箇条書きにしてみよう。

（1）オージン、ロキ、ヘーニルの三神が旅をしていたということから語りだされている。「旅」の目的は記されていない。空腹のため、谷間で一頭の牡牛を殺し、穴蔵でその肉を焼いた。

（2）一羽の鷲が料理を妨害していたので、いっこうに肉が焼きあがらなかった。鷲は、「その牡牛」を存分に分け与えてくれるのならば、料理の妨害をしない、という条件を提示している。
（3）神々はその条件をのむことを約束した。
（4）肉が焼けたとき、鷲が最初に「ふたつの」腿肉と「両方の」肩肉を分捕った。
（5）ロキが怒って「大きな棒」を振り回して、鷲を突いた。前後の文脈からしても、「大きな」棒は「長い」棒であろうが、その形容詞 mikill には「大切な」の意味もある。
（6）棒が鷲の後尾に突き刺さり、棒の先端を持ったロキは、鷲が飛行するままに、空中を運ばれてゆくことになる。ロキは鷲にひたすら「和解」（friðr）を懇願している。その用語は争いの後の「和平」を意味している。
（7）その「和解」の条件は、女神イズンおよび「若返り」の呪力を有する彼女のリンゴをともに神界から外へ連れ出すことだった。
（8）ロキはそれを約束したので「解放され」（lauss）、「自分の仲間たち」のもとへ帰ることができた。ここでいうロキの「仲間たち」というのはアースの神々をさしている。

（9）そこで、ロキはイズンを言葉たくみに神界の外へ連れ出し、結果的には、巨人によるイズン誘拐の手引きをしたのだが、鷲の正体が「鷲の羽衣」を着た巨人のスィヤチであることが、この箇所で初めて明らかにされている。

この話は項目（1）〜（4）の前半と（5）〜（9）の後半に大別されるだろう。前半部は神々の旅に始まり牡牛の料理に関する話であり、後半部ではロキと巨人スィヤチの交渉が中心となっており、奇妙な仕方で拘束されたロキが、自分の身柄を「解放して」もらうために交わした約束を果たさねばならず、その結果、イズン掠奪の手引きをしてしまう話である。(2) 前半部における「牛の肉」と後半部の「女神イズン」をめぐる二種の掠奪は、明らかに相関関係をなしている。

話の流れを追ってみると、きわめて緊密な因果関係で出来事が進展していることがわかる。つまり、「なぜ、イズンは掠奪されたのか？」と問うならば、項目（9）「ロキが彼女を神界の外に連れ出したから」であり、「なぜ、ロキはそんな事をしたの？」と問えば、項目（8）「鷲と約束を交わしたから」と答えられる。「なぜ、ロキはそのような約束をしたの？」という問いに対しては、項目（7）「拘束されたロキが解放されるための条件だったから」と解答ができる。このようにつぎつぎに問いを発してゆけば、（7）から（1）

に向かって話を逆戻りさせれば、対応する答えが得られるという寸法になっている。したがって、最初の質問である「イズン掠奪」の根本原因は、因果の糸をたどって探ってゆけば、最終的には項目（1）「三神の旅」に帰着することになる。[3] まずは、前半部（1）〜（4）の粗筋についての補足的な説明を加えてみよう。

この神話の語りだしに置かれた「三神の旅」が、この後に起こる出来事の連鎖を導いている。「山々や荒蕪の地」を「食糧を事欠いて」歩くさまは、まさに「神々の流浪・遍歴」の意味合いが強い。アスクとエンブラという名の最初の人間を創成した神話も、三人の神々が「海辺」をさすらっていたことから語りだされていた。「ボッルの息子たち（オージン、ヴィリ、ヴェーの三兄弟）が海辺を歩いているときに、彼らは二つの樹を見つけた」と記されている（「ギュルヴィの幻惑」九）。むろん、人間創成の三貴神と、この場合の三神は組合わせが異なるが、オージンはいずれの神話にも登場している。[4]

「巫女の予言」によれば、人間創成に関与した神々がオージン、ヘーニル、ローズルとなっていて、このうち三番目の者はロキの別名であると説かれてきた。ローズルの名は語源不詳だが、一説には「火を贈る者」と解されている。[5] もしこの解釈を採るならば、この「牛料理」の神話において、火の化身としてのロキが登場しているのも納得できる。ちなみにロキ（Loki）という名も logi「火」に関連があるという説が古くからかなり有力であった。[6] 巨人ウートガルザ・ロキの館でロキとロギ（「火」の精霊）が肉の早食い競争をした神話が想起される。[7]

おそらくロキはここで「料理の火」の見張り番の役を演じているのだろう。しかし、「料理の神話」であるにもかかわらず、「燃える火」を直接に表わす語がどこにも見当たらない。繰り返して表わされる seyðir「料理用の穴蔵」が火を暗示しているだけである。おそらく「谷間」の穴蔵もしくは窪地を即席に仕立てた「かまど」として利用したと考えられる。「ヒュミルの歌」15節では、三頭の牛を料理するに際して、「一頭ずつ頭部を切り落として、穴蔵（seyðir）に運び入れた」とある。この記述から推せば、ここでも細切れ肉ではなく、後にも記されているように、腿肉や肩肉など、骨付き肉をそのまま穴蔵のなかに放り入れたのだろう。

ことさら「その穴蔵を開けて」料理の出来ぐあいを見たという記述に照らせば、これは一種の蒸し焼き料理であろう。したがって火は「燃え上がる火」ではなく、「くすぶる火」でなければならない。あたかもロキの存在そのものが、「くすぶりながら、長時間燃えつづける火」の化身であるかのようである。

これらの見地をふまえると、「棒」を振り回すロキの子供じみた行為も、ある宗教的な意義を有していると考えられる。たとえば、あえて「谷間」に降りて、「牡牛」を屠殺したという語りも、神々がその「水辺」において「供犠」を執行したと読める。この意味では、アンドヴァラ・フォッスという「滝」の近くで、「石投げ」によって川獺《かわうそ》（フレイズマッルの息子 Otr「川獺」の変身した姿）を殺したという神話も同列に属する（「レギンの語り」散文序）。オージン、ヘーニル、そしてロキという同じ三神の「遍歴」の途上での出来事であった（拙論参照[8]）。

牝牛アウズフムラの乳首から流れ出た「乳の川」によって、巨人の始祖ユミルが養われたという創世神話を想起されたい。ユミルにも牛の本性がひそんでいると考えてもよいだろう。「ボッルの息子たち」と総称されたオージン、ヴィリ、ヴェーの三兄弟は、ユミルを殺害し、その遺体をギヌンガガプという「世界のうつろ」に運び、天地を創成したとされる。

神々が「谷川」の近辺で殺した牡牛を、あえて「料理用の穴蔵」に運んだという話は、ユミルの遺体を「ギヌンガガプの真ん中」に運搬した宇宙創成神話とまさに相似的である。牛の屠殺ののちになされるのは、むろんその解体作業であるが、ユミルのそれぞれの身体部位が天地を構成するものに変貌したという語りも、屠殺獣の解体作業を思わせる。したがって三神による「谷川」での「牡牛」殺害の行為は、巨人ユミル殺害という原古の出来事を儀礼的に模倣していることになる[9]。

鷲は、その神事の妨害者として立ち現れている。ただし、この段階ではまだ正体不明である。その者の正体が巨人スィヤチであることは、もう少しあとのイズン掠奪のときに初めて明らかにされている。鷲は、牡牛が焼けた場合には「俺の存分なる分け前」(fyllimína) をよこせと要求し、神々はそれを承諾した。いったん成した約束は神といえども守らねばならなかったのだが、どうやら「存分な分け前」という言葉に落とし穴があったようである。鷲は、「ふたつの腿肉と両方の肩肉」を神々よりも先に分捕ってしまった。後述するように、巨人スィヤチには娘スカジがあった。鷲にしてみればおそらく、二人分の上等な肉が「俺の存分なる分け前」であるという言い分も成り立つであろう。

神々の立場からすれば、途中から割り込んだ鷲は、谷川での「祝宴」の突然の来訪者であり、いわば招かれざる客人であった。しかし、牛肉が焼きあがることを条件に、その一部を分与することを神々が認めた段階で、鷲は、まさに「正式の客人」となったはずである。この意味では、客人款待のルールを当てはめれば、鷲は「それ相応の肉の饗応」に与かっても然るべきであった。ただし、鷲は正しく分配される前に、欲しいだけの肉を強奪したのだ。

ちなみに古代ギリシアにおいて、屠殺した牛は、まず最初に肋骨の下あたりで、前方部と後方部のふたつに切り分けられた。(10) こうした解体の最初の手順は北欧でも同じだったと考えられる。つまりは、後足の腿が他の部位からまず最初に切り離される。その次には、両肩を胴体から切り離す作業をしたのだろう。

猛禽類の鷲に変身した巨人にとっては、牛肉が焼きあがることは不要であったはずである。神々が肉の分配を了承するやいなや、鷲はとまっていた樹から舞い降りてくると、「まず真っ先に」、切り分けられた二切れの「腿肉」と両方の「肩肉」を強奪したのである。本来ならば、だれよりも「最初に」オージンが食することが予定されていたはずだが、鷲はそれを横取りした。料理番の役を負っているロキが激昂したのも無理からぬところがある。

巨人ウートガルザ・ロキの屋敷をめざす旅の途中で、ソール神の山羊を殺して料理する神話が想起されてくる。二頭の山羊の皮を剥いで肉を切り分けるとき、ある百姓の息子スィヤールヴィがそのうちの一頭の腿の髄まで切り込んでしまった。翌朝にソールがミョルニル槌でそれらの山羊を蘇生させたのだが、そのために一頭だけは後ろ足がびっこをひいていたという（「ギュルヴィの幻惑」四四）。

この神話も、山羊の腿の部分を最初に切り分けたことを示唆している。いわばソールの聖獣としての山羊の後ろ足がびっこをひくことになった一種の賠償として、「駆け足の早い」スィヤールヴィが「いつもソールに随行する」役を負わされたと読解できる。[11]

2 棒振りの所作

語りの後半の項目(5)~(9)に視線を転じてみよう。鷲による牛肉の掠奪に激怒したロキが「棒」を振り回すのだが、一見いかにも子供じみた行為に思える。その「大きな棒」が鷲の後尾に刺さったのだから、これはロキのファロスを暗示しているとみることができる。

事実、この神話では最終的にスィヤチが殺され、その娘のスカジと「和解」し、また彼女を「笑わせる」ために、ロキは自分の睾丸と「牝山羊の髭」を結びつけて、綱引きのような所作を演じている。いささか滑稽なこの男根露呈の神話については次章で詳しく述べるが、ロキの棒振りの行為は、したがってその前哨戦の意味合いを有している。と同時に、このような「棒振り」という他愛ないロキの行為は、ファロスの力によって女神たちと情を交わすロキの性格を表徴した一種のパロディとなる。というのは、別伝によれば、ロキはテュール神の妻を寝取り、女巨人スカジ、およびソール神の妻シヴとも交わったとされ、精力旺盛な特性が認められるからである(「ロキの口論」40、52、54)。

ひとつの神話について複合的な解釈が成り立ちうるという例はおよそ枚挙に暇《いとま》がない。たとえば、棒を持つロキは、神権のシンボルとしての槍グングニルを有するオージンの姿を風刺したものだ、と解するアンネ・ホルツマークの説も興味深い[12]。そもそもオージンは「ロフト（ロキの異名）の友」と呼ばれ、両者には類似した性格が認められる。たとえば「悪事をはたらく者」（Bölverkr）という異名を持つオージンは、「すべての不幸を操る」と記され（「フンディング殺しのヘルギの歌」Ⅱの34）、「欺瞞を招く者」（Skollvaldr）とも呼ばれた。「虚偽の創始者」や「神々と人間の恥さらし」という悪名が付されたロキとまさしくきわめてよく似ている。ロキはオージンの「分身」（ドッペルゲンガー）である、というフォルケ・ストレムの説は正鵠をえているだろう[13]。

また女性を誘惑したオージンの数々の伝承を反映して「誘惑の巧みな者」（Glapsviðr）という呼び名もある（「グリームニルの語り」47）。先述したように、同じくロキも三人の女神たちと交わったことがロキ自身の口から誇らしげに語られており、性に貪欲かつ旺盛であるとみなされていたようだ。

さて、棒が鷲の後尾に突き刺さり、その棒の先端を握ったまま、ロキはめまぐるしく空中をここかしこに飛ばされるはめに陥った。ロキは鷲にしきりに「和解」（friðr）を懇願している。そのロキに対して、鷲は、イズンとそのリンゴを神界の外に連れ出さぬかぎりは、絶対に「解放して」(lauss) やらぬ、と言った。ロキはそうする約束をしたので、やっと「自由に」(lauss) なれた。注目すべきことに、この箇所に同じ lauss という語が二度使用されている。

形容詞 lauss (英語 loose に関連) は、まさに「旅する神霊」としてのロキの本質を言い当てた言葉である。鷲に打ってかかったロキの「棒振り」は、狙いがはずれたばかりではなく、むしろみずからの自由を奪う結果を招いた。鷲の飛び行く方向に従わされ、自分の意思に反して空中遊泳させられるロキは、自由気ままに旅する者としての自己の本質を危うくさせられている。

この状態を「ロキの束縛」と名づけておこう。「束縛」されたロキにしてみれば、是が非でも自分の身柄が「解放」されて、本然の姿をとり戻す必要があった。そのために、イズン誘拐の手引きを務めることを誓わされたことになる。ロキの「束縛と解放の図式」は、この後に続く話のなかでも繰り返して現れている。(14)

ロキの誘いの言葉に乗せられ、神界の外側に導き出されたイズンの前に、スィヤチは「鷲の羽衣」(arnar-hamr) をまとった巨人として、初めてその正体を暴露している。スィヤチという巨人の名前もここで初めて記されている。そしてその飛翔力をもって自分の屋敷に彼女をリンゴもろともに連れ去っていった。むろん、これで話が終ったわけではない。

むしろ、つぎの話を続けるための序説《プロローグ》であるように思えてくる。

3　ロキによるイズン奪回の旅

イズン掠奪神話の顚末《てんまつ》の全訳を試みたが、分析上の便宜を期すために番号を付しておく。

（1）イズンを失ったことにより、アースの神々は災いに見舞われた。アースたちは急速に白髪になり老化したのだ。

（2）そこで神々は会議を召集し、イズンについての最後の消息を互いに探りあった。すると、彼女はロキと一緒にアースガルズを出たことが最後に目撃されている、という報告があった。

（3）そこでロキが捕えられ、その審議の席に連行された。そしてロキは、死か、それとも拷問か、と脅された。ロキは怖くなったので、フレイヤが持っている「鷹の羽衣」（valshamr）を貸してくれるならば、巨人の国（ヨトゥンヘイム）にイズンを捜索しに行ってもよい、と約束した。

（4）ロキは鷹の羽衣を身にまとうと、北の巨人の国をめざして飛び立った。ロキは一日がかりで巨人スィヤチのところへ着いた。相手は海へ舟を漕ぎ出していて、イズンだけが屋敷にひとり残されていた。

（5）ロキは彼女を木の実に変えると、爪でつかみ、全速力で飛び去った。スィヤチが家に帰ってイズンがいないのを知ると、鷲の羽衣をまとい、ロキを追跡して飛び出した。それで彼の羽ばたきのために嵐が巻き起こるくらいだった。

（6）さて、アースの神々は、木の実をつかんだ鷹が飛んできて、その後を例の鷲が飛んでくる方角を見届けると、アースガルズの下へ急ぎ、その場所におが屑の山を積み上げた。

（7）鷹は砦の中へ飛びこみ、その壁の近くに下降してきた。それと同時に、アースたちは例のおが屑に火を放った。鷲は鷹の行方を見失い、止まることもできなかった。

（8）鷲の翼に火がつき、その場で飛ぶ力を奪われた。そこでアースたちは近寄ると、アースの門の内側で巨人スィヤチを殺した。なお、その殺害はきわめて有名である。

（「詩語法」三）

（1）～（3）を前半部、それに続く（4）～（8）を後半として区分できるだろう。

前半部では、神々がみな老化するという危機が発生し、その原因究明のために会議が開かれ、その結果、ロキがすべての責任を負わされ、巨人の国に派遣されるという話である。後半部では、ロキが女神フレイヤから借り受けた「鷹の羽衣」をまとい、巨人の国に飛びゆき、イズンの奪回に成功する話であり、ロキを追跡してきたスィヤチは、最終的にはアースたちによって殺されている。

注目すべきことに、話の最後に、「その殺害はきわめて有名である」と記されている。このような言葉が付されたのは、幾つかの理由があるだろう。まず端的には、イズン掠奪の張本人である巨人がついに最期をとげたことがあげられる。スィヤチの「鷲の羽衣」に「火」がつき、飛べなくなったところを神々が総がかりで殺したとみられる。「牡牛の料理」の話で始まったこの神話において、ここではじめて具体的に「燃える火」（eldr）のモチーフが現れている。また、「アースの門の内側」という記述も見逃せない。「門」（grind）は神界の「聖なる境域」のシンボルとなる。

いささかむごいことに、巨人は神々によってほとんどなぶり殺しも同然の憂き目にあっている。撲殺か、または槍で刺し殺されたのか、その殺害の具体的な方法については記述が何もない。この点では、三神が原古の巨人ユミルを殺害したときと同様である。いずれにしても、スィヤチ殺しに関与した者については、「そのアースたち」（æsirnir）と複数形で記されており、これを「集団の暴力」と名づけておこう。グッルヴェイグの虐殺と再生の神話にも同じテーマがあったことを想起されたい。第六章で詳論するバルドル殺害神話においても、「集団による虐待のゲーム」が重要な意味を持っている。

さらに補足すると、スィヤチの娘は、弓矢を射る「狩猟女神」の特性があった。鷲の姿に変身したスィヤチを、広義での狩猟の獲物と考えれば、スィヤチ殺害は通常の狩猟とは正反対のやり方が採られている。つまり、神々はあえて山野に出る必要もなく、一種の「獲物」としての鷲の方から自分で「神界の内部」に飛び込んできたところを討ちとったことになる。(15) この後に、娘のスカジが怒り猛り、神界を訪れて来るという話が続いている。右の視点をふまえれば、スカジの怒りも正当なものであると言えよう。神々はここにおいてスィヤチ殺しの「賠償」を支払い、スカジとの「和解」をしなければならなくなる。その時にもまた、神界の危機を救うためにロキが活躍をしているのだ。

4 迫害と解放の図式

さて、項目(3)に記したように、ロキはイズン掠奪のすべての責任を負わせられ、捕えられ、神々の裁きの席に引きずり出され、「死か拷問か」という脅迫を受けている。ここでいう「死」(bani) は、「暴力による死」すなわち「殺害」を意味している。「拷問」の訳語を与えたpíslarは複数形になっていて、「数々の責め苦」、「激痛」を意味している。語源的にはpína「刑罰、および科せられる持続的な苦痛」という語と関連があると説かれている。注目すべきことに、後代にイエス・キリストの「受難」の意味で用いられ、たとえば、キリストが磔刑に処せられた「聖金曜日」(復活祭の前の金曜) は、píslar-dagr「受難の日」と呼ばれている。(16)

この神話を記したスノッリ自身もキリスト教徒だったという説もある。もしそうだとすれば、なおの事、神々の「審議の席」に連行され、脅迫されるロキについて描写するとき、神話作者としてのスノッリは、福音書の記述にあるように、ピラトの法廷にて鞭打たれ、激しく詰問されたキリストの姿を思い浮かべなかっただろうか。

彼らは、「殺せ、殺せ、十字架につけよ」と叫んだ。
(フェデリコ・バルバロ訳「ヨハネによる福音書」第19章15節)

だが忘れていけないことは、イエス・キリストと異なり、ロキはどんなに神々から迫害され、虐げられても、殺されることは絶対にありえないということである。むしろ迫害されればされるほど、ロキは「解放」すなわち「自由なるひとり旅」へと向かう、強力なエネルギーを内にたくわえる存在者である。したがって、項目（3）の「ロキの捕縛・迫害」が、ひいては（4）の「ロキのひとり旅」を導き、最終的には神々全体にとっては、すこぶるよい結果をもたらしているのだ。このように、北欧の異教神界のアウトサイダーであるロキには、「迫害を受けながらも、他の者たちを救出する」という意味において、しばしばキリストの姿と微妙に重なり合う側面が認められる(17)。

それにしても、イズン誘拐の罪はひとりロキにのみ帰せられるべきだろうか。1節で述べたように、この神話の語り口は、きわめて緊密な因果の糸で結ばれている。ロキは巨人と果たした「誓約」を実行に移すために、イズンを神界の外へと誘い出したのだが、数々の出来事が発生した原因と結果の鎖を元にたどってゆけば、「棒を振り回す」ロキの行為を経由して、「三神の遍歴の旅」がすべての物事の出発点になっている。にもかかわらず、発生した凶事と危機に際しては、すべての責任がロキになすりつけられ、「捕縛と迫害」をこうむっている。そのロキが、「解放」されて「ひとり旅」に出立するとき、まさしく「神界の救出者」の役割りを背負わされているのだ。

そのほかにも、従来の神話分析において意外にも見落とされてきたことがある。それは、ロキが女神フレイヤより「鷹の羽衣」を借用することによって、イズンの奪回に成功し、老化した神々の窮地を救っているという点である。ヴァン神族を代表する女神の魔法の衣を身にまとったロキは、ここで一種の「女装」をして、あのセイズ呪術をアースたちに伝授したフレイヤの呪力を帯びたと読解できる（第三章1節参照）[18]。後述するようにロキは、「不死身」であったはずのバルドルの殺害に関与するときにも、「女性」に変身して、女神フリッグに近づき、「唯一の殺しの武器」となりうる宿り木の秘密を聞き出している。

5　蜜酒の女神と若返りの女神をむすぶもの

ひとつのエッダ詩の記述によれば、イズンは、「すべての女たちの中で最も好色だ」と呼びなされている。しかも、「自分の兄弟を殺した男を、輝くその腕で抱いた」という非難が、イズンに向けてロキ自身の口から投げかけられている（「ロキの口論」17）。「ロキの口論」という作品全体が異教の神々に対する非難と中傷に満ちあふれていることから、キリスト教の価値観によって神々が堕落させられていると説く学者も多い。しかしその一方で、アースラ・ドロンケは、すでに異教時代の北欧の民衆の間に、古き神々を嘲笑し風

刺することを一種の「娯楽」とみなす、社会的な気風と祝祭的な慣行が存立していたと主張している。(19)

いずれにせよ、イズンに対する非難も軽々に信じてはいけないのだが、「イズンの兄弟を殺した者」というのは、彼女を掠奪した巨人のスィヤチをさしているのだろうか。それとも他の誰をさす言葉なのか、その確答を得る資料がないので判断に苦しむところではある。第一、イズンの夫は詩神ブラギであるが、巨人に妻を掠奪されたことを語るこの神話の中に、すこしも登場してこないのはいささか奇妙だ。

スィヤチは、掠奪という体裁をとりながらも、きわめて例外的に、アース神界から巨人の国に花嫁ともおぼしき女性を迎え入れることに一時的には成功している。また同時に、神界の「若返り」を司る女神とそのリンゴを奪い去ることによって、スィヤチは巨人の国(ヨトゥンヘイム)に「若さ」をとり戻そうとしたと言えるだろう。だが、その試みは最終的にロキによって阻止されたばかりではなく、アースたちの「集団の暴力」によって、スィヤチは哀れな末路をたどらされている。

「鷲の羽衣」のモチーフは、オージンによる蜜酒盗みの神話にも認められ、語り口には共通した響きがある。そのあらましを記してみよう。

巨人スットゥングが占有していた蜜酒を奪うとき、オージンは「ボルヴェルク」(悪事をはたらく者）と名乗って旅をしている。まずスットゥングの弟バウギに近づき、その協力を得て蜜酒を一口でも飲ませてもらうことを所望したが、あえなく断られている。そこでこんどは、スットゥングの娘グンロズが岩の穴蔵にて蜜酒を管理していることを知ると、蛇に変じて潜入し、彼女と三夜寝るかわりに「三口分の蜜酒」を飲む許しを得た。その三口ですべての蜜酒を口にふくんだオージンは、「鷲に変身して全速力で飛び出した」。それを見たスットゥングもすかさず、「鷲の羽衣」をまとって追跡してきた。オージンはかろうじてその追跡をかわし、アースの神々が用意した壺の中に蜜酒を吐き出したが、一部は背後にこぼれた。その「たいして気にもならぬ」代物は、「三文詩人の分け前」と呼ばれた。ともかくも、こうしてオージンは「スットゥングの蜜酒」をアースたちと詩作できる人間たちに分ち与えた。そのようなわけで、「詩」のことを「オージンの掠奪品」とか、「オージンの創見」あるいは「オージンの贈物」などと呼ぶようになったという（「詩語法」六の梗概）。

　右の話に先行して、蜜酒の由来話と、スットゥングが蜜酒を入手した経緯《いきさつ》を語る話が、前置きとしてあるのだが、ここではすべて省略した。ともかく、この神話では、追跡者のスットゥングがその後どうなったかについては述べられていない。鷲への変身者であるオージンは、巨人の娘を篭絡した上に、お目当ての蜜酒の略奪にも成功している。イズンを奪回され、「鷲の羽衣」をまとって追跡したスィヤチが最期には殺される話とまさに好対照を成している。この意味において、「鷹の羽衣」を身にまとって、イズンの奪回に成功したロキは、鷲に変じて蜜酒盗みに成功したオージンとまさに対応した役割りを演じている。

前章ではグッルヴェイグについて、「死と再生の密儀」にかかわる「輝く蜜酒の女神」という特性が浮上したのだが、「若返り」を司る女神イズンをめぐる「掠奪と奪回」の神話は、まさにアース神族と巨人族のあいだの「生と死」、「老と若」の原理をめぐる呪的闘争として位置づけられるだろう。ふたりの女神の特性が機能的に一致していることは言うまでもない。一見、相異なるかにみえる両神話の底流には、「蜜酒」と「集団の暴力」、および異族間の「対立」のテーマがひそんでいる。アースたちはグッルヴェイグを掠奪し、凌辱に及んだが、そのセイズ呪術を接収しながらヴァニルとの「和平」を確立することに成功した。ところがスィヤチは、これとほとんど同じ図式にのっとり、イズンを掠奪して、自分の「屋敷」(heimr)に引き入れたのだが、そもそもアィシルが巨人族との「和平」を受け入れる可能性は皆無であった。哀れにも、ロキによるイズン奪回のあと、その掠奪者は殺されている。

註

（1）『散文のエッダ』「詩語法」はつぎの刊本に依拠。Guðni Jónsson, ed. *Edda Snorra Sturlusonar* (Íslendingasagnaútgáfan, 1954). なお必要に応じて以下の訳文を参照した。Anthony Faulkes, tr. *Snorri Sturluson: Edda* (J.M. Dent, 1987). 谷口幸男「スノリ『エッダ』「詩語法」訳注」『広島大学文学部紀要』第43巻特輯号（一九八三）一—一二二、『日本アイスランド研究会　会員公刊論集』第3号に再録（一九八三）三三—一五四。

（2）水野知昭「旅する客神ロキの神話—その（1）—」『日本大学工学部紀要』分類B　第28巻（一九八七）八九—一〇八。

（3）水野、九九—一〇一。

（4）水野、九九。

（5）第二章（7）de Vries, 363.

（6）A. Kock, "Etymologische mythologische Untersuchungen," *Indogermanische Forschungen* 10 (1899) 99-101. ただし、ロキの名義については、「閉じる者」（古ノルド語 lúka）や「蜘蛛」の化身（スウェーデン方言 locke）など、その他さまざまな解釈が打ち出されてきた。次著参照。John Stanley Martin, *Ragnarök: An Investigation into Old Norse Concepts of the Fate of the Gods* (Van Gorcum, 1972) 84-89.

（7）ウートガルザ・ロキによって幻術にかけられたソールの話の簡略な分析については、本章（2）水野、九七—九九。

（8）「棒振り」や「石投げ」といったロキの児戯的な行為が殺害を惹き起こしている類似性を論

じた。本章（2）水野、一〇一―一〇三。

（9）本章（2）水野、九九―一〇〇。

（10）Jean-Louis Durand, "Greek Animals: Toward a Topology of Edible Bodies." *The Cuisine of Sacrifice among the Greeks.* eds. Marcel Detienne & Jean-Pierre Vernant, tr. Paula Wissing. (U of Chicago P, 1989) 87-118.

（11）本章（2）水野、九七―九八。

（12）Folke Ström, *Loki ein mythologische Problem.* Göteborgs Universitets Årsskrift 62 (Almqvist & Wiksell, 1956) 83.

（13）Ström, 80. その他のストレム説についての紹介は、本章（2）水野、九九―一〇〇。ただし、私自身はオージンの「賢」とロキの「知恵」は峻別すべきだと考えている。水野知昭「ロキの道化―賢と愚の弁証法―」、篠田知和基（編）『東西の老賢者』所収（名古屋大学文学研究科、一九九九）一三一―一四〇。

（14）「束縛と解放の図式」がロキ神話の分析にいかに有効であるかは拙論参照。本章（2）水野、一〇四―一〇六。

（15）水野知昭「ロキの笑劇についての民俗学的な考察」『日本アイスランド学会会報』16（一九九六：一九九七刊）一―一一。

（16）本章（2）水野、一〇一。

（17）本章（2）水野、一〇二。

（18）ロキばかりか、オージンやソールも女性に変身している。男神や戦士たちの女装は「女性の呪力」を身にまとう意味があり、これを北欧版「妹の力」と命名した。水野知昭「「バルドル神話劇」前篇—不死になったバルドルと旅するロキー」『エポス』第10号（木魂社、一九八七）二七—四五。およびTomoaki Mizuno, "Loki as a Terrible Stranger and a Sacred Visitor."『人文科学論集』第30号（一九九六）六九—九〇、特に七〇—七八。

（19）　第一章（2）Dronke, 353-55.

第五章　ロキの笑劇

1　怒れる山の女神の来訪

「詩語法」三章に、神々に降りかかった二種の災難が記されている。ひとつは前章で述べたように、巨人スィヤチによる女神イズンの掠奪であり、他のひとつは、父スィヤチが殺されたことに憤激した娘スカジの突然の来訪である。いずれの災難においても、ロキの活躍によって神々はその窮地を脱している。

そこで、巨人スィヤチの娘スカジは、兜《かぶと》と鎧《よろい》、そしてあらゆる武具に身を固めて、アースガルズにやって来た。父の復讐を果たすためであった。だが、アースたちは、彼女に対して和解と賠償を申し出た。まず最初に、彼女がアースたちの中から自分の夫を選ぶべきだということになったが、足だけを見て選ばねばならず、他のところを少しも見てはならぬとされた。

　こうして彼女は、ひとりの男の格段に美しい足を選んで言った。「私は、この方を選ぶことにするわ。だって、バルドルには醜いところがほとんど無いでしょうから」。ところが、その者は、ノーアトゥーンに住むニョルズだった。

　まだ、アースたちが成すべきこととして、彼女との和解を取りつけることが残っていた。それこそ彼らには出来やしない、と彼女には思われたのだが、それは彼女を笑わせることだった。そのときにロキは次のようなことをした。つまり、彼はある牝山羊の髭にロープを結わえて、その他方の先を自分の陰嚢《いんのう》につなぎ、互いに引き合いをしたのだ。双方とも、ヒーヒーとわめいた。それから、ロキはスカジの膝に転がりこんで見せた。この時にスカジは笑った。かくして彼女とアースたちの側で、和解が成り立ったのだ。

（「詩語法」三）


　父を殺され、復讐の念に燃え立って来訪したスカジの出で立ちは、いかにも凄まじい。「兜や鎧、そしてあらゆる武具に身を固めて」、単身でアースガルズに乗り込んできたスカジに対して、並いる神々が恐れをなしたのもそれなりの理由があったようだ。

　スカジは巨人族の出身だが、弓矢で獣を射とめる狩猟女神であり、オンドゥル・ディースすなわち「スキーの女神」とも称され、山に住むことを好む女神であった。また、スカジ（Skaði）という名称はゴート語skadus「影」および古英語sceadu「影、暗闇」と関連し、「闇と死を支配する女神」とみなされている。[1] したがって、この女神の激怒をかえば、恐ろしい事態が発生することが予見されたに違いない。スカジの父を「総がかりで」殺してしまった神々としては、何としてでも女神を慰撫し、その機嫌を取りつくろうことが急務となったのである。「スキーの女神」という名称からしても、神界へのスカジ来訪の時節は冬であったと考えるべきだろう。

こうしてみると、怒れる女神を前に、ただちに「和解と賠償を申し出た」というアースの神々の狼狽ぶりもうなづける。「足だけを見る花婿選び」は、「賠償」（yfirbætr）に相当する。しかしその結果、スカジは自分の思惑に反して、「醜いところがほとんど無い」はずのバルドルではなく、ニョルズを選び取ってしまう。

ニョルズは、ノーアトゥーン（「舟の囲い地」の意）に住み、「風のゆくえを支配し、海と火を鎮める」神であり、また、元来はアースではなく、ヴァン神族に属していた。航海の安全や、漁労に際して祈願された神であった。この意味において、「山の女神」なるスカジに、異族の「海の神」を花婿として献納するという図式が認められる。ともかくここにおいて一応の賠償は成立したように見える。

しかし、「和解」（sætt）はまだ成り立っていない。「スカジを笑わせること」が和解の条件であった。スカジにしてみれば、「彼ら（神々）には出来やしない、と思われた」と記されている。そこで再登場となるのがロキである。かれはいささか奇妙なことに、「牝山羊の髭」と自分の陰嚢をロープで結びつけ、一種の綱引きを演じて見せている。双方ともヒーヒーと鳴きわめき、最後にはロキがスカジの膝に転がり込むと、その滑稽な所作が思わずスカジの笑いを誘った。こうして和解が成り立ち、神々はロキのおかげで、怒れる山の女神を慰撫することができたのである。

さて、このように連続して語られるイズン掠奪神話とスカジ来訪神話を比較してみると、興味深い対応が認められる。前者の場合は、「若返り」を司るイズンが掠奪され、いわば「不在」になったことが神界の危機を招いているのに対して、後者においては、これとは逆に、「死と闇」を支配する女神の突然の「来訪」によって、神界が混乱に陥っている。ふたつの神話が相補的な意味を有することは明らかである。(2)

いずれの神話においても、ロキが窮地に追い込まれた神々を救出している。そして、それぞれの神話においてロキが用いた道具としての棒とロープの間にも、ある種の相関性が認められる。つまり、棒は「鷲の後尾に突き刺さり」、ロープは「牝山羊の髭に結ばれ」ており、道具のもう片方の「先端」（endi）には、それぞれロキの「手」が置かれ、あるいは「陰嚢」が結びつけられている。こうして、ロキの身体の一部が、いずれの道具からも離れ難い状態にさせられている。言いかえると、牝山羊の髭とロキの陰嚢を結ぶという滑稽なしぐさは、先述した「ロキの束縛」の変型的モチーフであると解しうる。

ロキは、前章で述べたように、「自由闊達な」(lauss) 精神を体現している。そして、神界がある危機的な状況に見舞われるたびごとに、巨人、妖精、および侏儒《こびと》の国など、遠方に派遣されている。このように旅の境遇に身を置くことを常とするロキの特性を、「旅する客神」と命名したことがある。(3)

そのような「客神」としてのロキは、憤激する女神スカジとその来訪に恐れおののくアース神たちの前で、みずからを「束縛」する擬態を演じて見せたのである。言いかえると、およそ「自由気ままな」旅の境遇とは正反対の状況にみずからを追いこんでいるのだが、それにしても、「ロキの陰嚢」と「牝山羊の髭」というのは、いかにも奇妙な取り合わせだ。何らかの深い意味が隠されているに違いない。この謎を究明するためには、まず幾つかの問題を整理しておく必要がある。

2　山の女神と海神の聖婚と離婚

「足だけを見る花婿選び」については、一八七一年にF・リープレヒトによって報告された民俗例が参考になる。フランスはベリー地方のつぎのような慣習が紹介されている。

婚礼の夜、その宴会に参加したすべての女たちは、靴やストッキングを脱ぎ、床に横臥する。そしてシーツで体を隠し、足と踝《くるぶし》だけしか見えないようにする。そこで花婿が、自分の妻となる女性を当てるのだが、それをうまく当てた場合には、そのまま初夜の部屋へ彼女を導いて行くことが出来る。しかし、もしはずれた時には、翌日まで待たなければならない(4)。

フォン・デァ・ライエンはこの民俗例にもとづき、男女の役割が入れ替わっているものの、スカジの花婿選びがある種の儀礼的な慣行を映し出しているにちがいない、と推定した。しかしながら、この学説を紹介した当のデュメジルは、「なぜ、このような多分に儀礼的な起源を有するテーマが、ニョルズ神に適用されているのかについては説明できない」、と不満の意を表明して賛同を控えている(5)。

さて、海の神と山の女神の結婚は、結局のところ破綻するにいたったようである。つぎのような話が記されている。

ニョルズは、スカジという名の、巨人スィャチの娘を妻にめとった。スカジは、自分の父がかつて持っていた住居に住むことを望む。それはどこかの山の中にあり、スリュムヘイムと呼ばれている。ところが、ニョルズは、海の近くに住みたいと思う。そこで彼らは、九夜はスリュムヘイムに住み、その次の九夜にはノーアトゥーンに住むべきだということで、妥協するにいたった。

(「ギュルヴィの幻惑」二三)

こうして互いに相手の住居を行き来したが、ふたりの結婚生活は、やはり長続きしなかった。ニョルズは、「白鳥の歌」が聞こえる海辺にくらべると、「狼の遠ぼえ」が聞こえる山の暮らしは我慢がならない、という内容の詩歌を吟じた。それに対してスカジは、「海辺の床」は「海鳥の泣き声」がうるさくて寝られやしない、毎朝のカモメの声にもウンザリだ、という不満を訴える返歌を作った。最後に、「そこでスカジは山に登りゆき、スリュムヘイムに住むことにした」と記されている。

海神と山の女神は、このように別居または離婚にいたったようである。しかし、彼らが離婚となる以前に、九夜ごとに互いの住み処である山と海の領域を往来したという記録がむしろ重要視される。ここでは意見の折り合わない両神の「妥協」の所産となってはいるものの、ニョルズとスカジの来訪神としての本性を示唆しているのではないか、という議論を展開したことがある。すなわち、ニョルズは海から山や野を来訪する、一種のマレビトであり、スカジは、これとは逆に、山から海や野を来訪することをエピファニー（神体顕現）の基本的な形態としていた、という卑見を提示した。[6] いささか大胆な仮説と思われるかもしれないが、過去において数々の議論を積み重ねた上での結論である。

たとえば、ニョルズについて、「風のゆくえを支配し、海と火を鎮める」と明記されている。ちなみに、詩歌「アルヴィースの語り」によれば、風は「揺れるもの」（váfuðr）という名で、神々の間で呼ばれているという。また、ヴァンの神々の間で、海は「うねり立つもの」（vágr）、火は「揺れ動くもの」（vag）と呼ばれているとされる（20、24、26節）。

風、海の波、および火の三つのエリメントに共通するのは、まさしく「絶えず揺れ動くもの」という特性である。それらは、揺れ動くことをやめたとき、およそ存在しえなくなる。したがって、ニョルズという名は、語源的に「強き力」（ゲルマン祖語 *Nerðuz）を意味しているが、風、海、そして火という、自然界に遍満する「揺れうごく霊力」を統括する人格神として崇拝されていたにちがいない（拙論参照[7]）。

いま「霊力」と言ったのは、J・ドゥ・フリースが解明したような古ゲルマン人の霊力信仰に照らした用語である。ドゥ・フリースによれば、日月星辰、神々、勇者、そして穀物やその種子、あるいは呪的なルーン文字などにいたるまで、それぞれの物象や事物は、超自然的な力を内在していると信じられていた。たとえば、アース・メギン（ásmegin）は「畏怖すべき神々の力」、メギン・ルーナル（meginrúnar）は「ルーン文字に秘められた力」を意味していた。そしてヤルザル・メギン（jarðar megin）は、豊饒をもたらす「大地の力」の意味で用いられた。今日でもスウェーデンの農民が「その種子にひそむ力」（makten i säden）または「そのパンにひそむ力」（makten i brödet）という表現を用いるのは、そうした霊力信仰が古き時代より連綿と受け継がれてきたことを示している[8]。古ノルド語では、meginまたはmáttrが「霊力」の基本概念を示すことばである。

意外に思われるかもしれないが、類似した霊力信仰は古代日本にも存在し、部分的に今日にも継承されている。神話学者の松村武雄が指摘したように、潮つ霊《チ》、田霊《タチ》、水霊《ミチ》、山霊《ヲロチ》、血、乳、風（「東風《コチ》」や「疾風《ハヤチ》」のチ）などの「チ」の信仰が最も典型的にそのこ

山霊《ヲロチ》、血、乳、風（「東風《コチ》」や「疾風《ハヤチ》」のチ）などの「チ」の信仰が最も典型的にそのことを明示している。また松村によれば、「チ」の概念によって統括されているものは「ある事物や現象に内存する神秘的な力能」とされ、男・女の性が看取される以前の「霊物」である、と定義されている。加えて、ムスヒ（産霊）、ワタツミ（綿津海）、ミタマ（御魂）、オホモノヌシ（大物主）の神などのことばにおいて、ヒ、ミ、タマ、モノという語もその類例となる。(9)

現代でも、日常語として使用している海幸、山幸におけるサチ（古くはシャチ）の名も、松村によれば、「チ」の概念に包括され、古代においては、海幸彦と山幸彦との神話に代表されるように、海神と山神の神秘的な呪能を頼みとすれば、それぞれ豊かなる獲物を授かることができるという漁労民と狩猟民の古代信仰より発しているとされる。(10)

さて、北欧のニョルズについて、「海ゆくときや漁に際しては、この神に祈願するとよい」と記されている（「ギュルヴィの幻惑」二三）。注目すべきことに、「漁」という訳語を与えた原語 veiðr は、「狩猟」の意味を有し両義的である。ニョルズが単なる海支配の神ではないことは、つぎの一文からもわかる。

かれ（ニョルズ）はとても裕福で、財物に恵まれているので、かれに祈願した人々に対して、土地や動産を与えることができるのだ。

（「ギュルヴィの幻惑」一二三）

ここで「動産」と訳した原語は lausafé であり、lauss「解き放たれた」と fé「家畜に代表される財産」から成る複合語である。したがって、それを説明的に直訳すれば、「土地に縛られずに解き放たれており、動かしうる財産」であり、「金銀財宝」などをさす。つまりは、不動産あるいは時には家畜の反対概念であるが、[11] ここでは「家畜」（fé）をふくむと考えた方がよい。

私たちはまたしてもここで、ロキの本性であるところの「解放」（lauss）という概念に出くわすことになった。「束縛と解放」を繰り返すロキが、自分の陰嚢と牝山羊の髭を結びつける、一種の「束縛」の笑劇を演ずる前に、人々に lausafé「自由財産」を付与するニョルズの結婚の由縁話が置かれているのは、やはり重大な意義を有するだろう。怒れるスカジを慰撫するために彼女に花婿ニョルズを提供した、という表層的な見方に従来はとらわれ過ぎてきたように思う。「足だけを見る花婿選び」の神話は、裏を返すと、異郷のヴァン神族よりかつてアースたちの仲間入りしたニョルズのために、花嫁スカジを捧げたことを意味している。

これらの諸伝承をふまえると、ニョルズは、海をゆく舟人や漁夫ばかりではなく、農耕民やかつては狩猟民によっても崇拝されていたといえるだろう。ちなみに、ニョルズの息子フレイは、「雨と太陽の光を支配し、また大地の生育をつかさどる」と記され、「豊饒と平和についてはこの神に祈願するとよい」、と付言されている。ニョルズにも部分的にフレイの特性を当てはめてもけっして無理とはなるまい。繰り返すと、風、海、そして火といった「揺れ動く三つのエリメント」の内にひそむ神霊がニョルズの原の姿である。このうち、つぎの記述を見れば、「風」が波と火を揺さぶり続ける「最も能動的な霊格」として捉えられていたようである。(12)

ガングレリはたずねた。

「風はどこから来るのですか。風は、海に大波を巻きおこし、火勢をあおるほどに強きものですが、いかに強くても、その姿が見えないというのは、いかにも不可思議な性質《たち》です」。

そこでハールは語った。

「それではお前によく聞かせてやろう。天の北方の果てに、フレースヴェルグという名の巨人がいる。かれは鷲の姿をしており、それでかの者が飛び立とうとするとき、その

翼の下から風が湧きおこるのだ」。（「ギュルヴィの幻惑」一八）

ニョルズの特性を規定する三つの元素が同じようにここでも連想されているが、とりわけ他のエリメントを衝き動かすものとして「風」に最大の趣意がおかれていることは明らかである。ここでは「鷲の姿」をした巨人となっているが、風の霊力をつかさどるニョルズが部分的に堕した描写ではないだろうか。鷲の「姿」と訳した箇所の原語には hamr が用いられており、あの巨人スィヤチが変身していた鷲の「羽衣」と同一の語であることが注目される。あのときスィヤチは、まさに「鷲の羽衣」の翼を揺り動かして、火をあおり、牡牛料理を妨害していたのだ、と解することができる。したがって、スカジが期せずして花婿に選び取ったニョルズは、彼女の父に特性上類似しており、スィヤチ殺害の「賠償」となる花婿としてはまさに打ってつけだったことになる。

この視点に立てば、スカジに冠せられた「神々にとっての輝ける花嫁」（skír brúðr goða）という言い回しは、すこぶる重大な響きをもって聞こえてくる（「ギュルヴィの幻惑」二三）。ここで「神々」が複数形になっており、まさしく多くの神々にとって「美しき」スカジとの結婚は垂涎の的とでもいうべきものであったと想像される。事実、他の伝承によれば、スカジは、ニョルズと離縁したのちに、アースの主神オージンと結婚して多くの子供をもうけ、そのひとりがセーミングで、のちに北部ノルウェーを統治するフラージル首長の始祖となったとされる。

またスカジとロキが性的関係を持ったとも伝えられている（「ロキの口論」52）。

したがってスカジについては、ニョルズ以外の男神にも求愛された「きわめて魅惑的な美女」の姿を思い描かざるをえない。スカジの前に「足だけを見せた」男神たちは、実はみな彼女との結婚を望んでいたと考えられなくもない。

スカジは、「足だけを見る花婿選び」において、「格段に美しい足」を選び、「醜いところがほとんど無い」はずのバルドルの足に違いないと推測したのだが、その目算がはずれた。バルドルについては、「容貌がそれは美しく輝いていた」と形容されている。また、「かれの美しさは髪と容姿をもって推して知るべしだ」とも表現されており（「ギュルヴィの幻惑」二二）、バルドルが「美男」とみなされていたことは間違いない。しかし、「足」の美しさに関しては、ニョルズの方が優っていたと解することができようか。

海神ニョルズは「つねづね、海の波で洗われていた」ので、美足神であったと主張する学者もいる。あるいは、北欧の後期青銅器時代の岩面刻画に、ひんぱんに「足」の図柄が認められることを根拠にして、「足」は神の出現のしるしである、という興味深い説も出されている。いずれにしても、「足だけを見る花婿選び」は、バルドルとスカジというつ。

「輝かしき美男と美女の結婚」を導くには至らなかった、という皮肉めいた解釈が成り立

巨人の娘として零落した姿で語られてはいるものの、スカジは本来、歴とした山の女神であり狩猟女神であった。北欧の各地にスカジ（Skaði）や「弓矢を射る狩猟神」ウッル（Ullr）にちなむ地名が数多く残っていることからしても、およそ疑いの余地がない（たとえば Skædhvi や Ullevi など）[14]。

「美しき狩猟女神」という視点を補強すると、アンナ・チョードリがコーカサスの狩猟女神の特性について、「その女神は通常、若くて美しいとみなされている」と述べ、さらにつぎのような説明を加えている。

彼女の体は純白の光りを放ち、見る者を惑わした。その美しさには抗い難く、また恐ろしくもあり、狩人はもし彼女と会話でも交わしたならば、自分の気がふれるのではないかとおびえ、彼女と出会うことを恐れた。……（中略）……その女神は狩人に性的な愛情をそそぐ。そしてもし彼がそれを受け入れると、女神は狩りにおける成功を保証する。狩人たちが敢えてそれを拒めば、そのときは必ずや不猟に終ることになる。[15]

まさに北欧の狩猟女神であるスカジの本性を探るためのよき手がかりになるであろう。この見地に立てば、いかにスィヤチ殺しの賠償であったにしても、なぜ神々がスカジに花婿選びをさせたかが納得できる。花婿は言うまでもなく一種のセクシャル・パートナーであり、怒れるスカジの歓心を買うためにはそれが最高の手段であったのだ。スカジの狩猟女神としての特性を重視すれば、彼女が選び取った「格段に美しい足（複数形）」は、両方の脚のみならず、第三の足すなわち男性シンボルを同時に暗示しているかに思える。

さらに別の滑稽さが潜んでいる。スィヤチは鷲の変身者であった。神々はその鷲を山林ではなくして、「アースガルズの門の内側」で殺害したのであるから、通常の狩猟のやり方に違反していることになる。その意味では、山野で狩猟をこととするスカジが武装して乗り込んで来たのも無理はない。神々の行動は「美しき女神」の逆鱗にふれたのである。神々にしてみれば、何としてでも「賠償と和解」を取りつけねば、将来の狩りでの収穫（獲物）、および広義では「巨人族や魔物などとの闘争」の「戦果」も覚束ないことになる。

3　性器露呈の神話

さて、スカジの思惑には反したが花婿ニョルズを差し出すことで、「賠償」は一応成立した。残るは「スカジを笑わせる」という難問が残っている。スカジにしてみれば「神々には出来やしない」と思われたその「和解」の条件を、ものの見事に満たしたのがロキであった。

ロキと牝山羊の綱引きにおいて特に注目されるのは、狩猟女神の面前でロキが男性のシンボルを露呈したということである。先にコーカサスの例を引いたように、この一事をもってしても女神を喜ばせるための予備段階が整っている。しかしロキは自分の陰嚢と、なぜ「牝山羊の髭」を結びつけたのだろう？

その疑問を解くひとつの鍵が、「ヒュンドラの詠歌」（47）の記述にひそんでいる。そこではフレイヤが情欲に駆られて夫のオーズを追う一方で、他の男たちと浮名を流すことが非難されている。そして、そのような破廉恥にして好色な性格が、牝山羊のヘイズルーンが牡山羊を追いかけ回すことと類比的に表現されている。いわば牝山羊は情欲・好色のシンボルである。既に述べたように、スカジがロキを誘惑して性的関係に及んだという記録がある（「ロキの口論」52）。したがってロキの綱引きの相手であった牝山羊は、「好色な狩猟女神」そして「並み居る男神たちにとっては輝くばかりに美しき花嫁」スカジの本性を映し出している。

ところ[16]で「女性器露出」のモチーフについては、すでに吉田敦彦によって詳論されているように、日本のアマテラス神話とギリシアのデメテル神話のあいだに顕著な類似が認められる。女陰を露出して踊るアメノウズメの卑猥な所作が神々の爆笑を誘い、天の岩屋戸に身を隠していた女神アマテラスをふたたび外界に引き出すことに成功した、という日本神話はもはや周知のことと思うが、『古事記』によって話のあらましを確認しておこう。

姉神アマテラスが統治する高天原でのスサノヲの乱行（「悪《あら》ぶる態《わざ》」）は、およそとどまることを知らず、機織り場の棟《むね》の上に穴をあけて、「天の斑馬《むちこま》を逆剥《さかは》ぎ」にして落とし入れたとき、神の衣服を織っていた「天の衣織女《みそおりめ》」が驚き慌てて、梭《ひ》に女陰《ほと》を突いて死んでしまった。これを見たアマテラスが「天の岩屋戸」に幽居されたために、高天原ばかりか、「葦原の中つ国」もことごとく暗闇でおおわれてしまい（原文「常夜ゆく」）、もろもろの災いが世にはびこった。そこでその危難を脱するために登場してくるのがアメノウズメだ。

アマテラスの隠《こも》りになった岩屋戸の前で、アメノウズメは、うつ伏せにした桶を踏みとどろかし、「神懸《かむがか》り（神霊の憑依）して、胸乳《むなち》をかき出で」、裳の紐を陰部《ほと》におし垂らして舞い踊ったところ、もろもろの神々がそれを見て、どっと笑ったという。原文には、

「八百万《やおよろず》の神ともに咲《わら(注)》ひき」とある。あとは、その様子を不思議に思ったアマテラスが岩屋戸を少し開けたところを、待ち構えていた手力男《たぢからを》の神がその手を導いて、外へ引き出したという話である。

これとよく似たギリシア神話として、娘ペルセポネが冥府神のハーデスによって誘拐されたことによって、飲食物を一切口にしないほど悲嘆に暮れた母神デメテルに対して、エレウシスの土地の女バウボーが、その面前で自分の性器を露出して見せることによって女神の笑いを誘い、その機嫌をとりなすという話がある。

アレクサンドリアのクレメンス(一五〇—二一五年頃)の記録によれば、娘のゆくえを探して、デメテルがアッティカ地方のエレウシスをさまよい、疲れ果てて、深い悲しみに打ちひしがれて、とある泉のそばに座りこんだとき、バウボーという名の土地の女がデメテルを客人として招き入れ、ワインと食物をふるまったという。

女神はその食物を口にしようとはなさらず、悲嘆のゆえに飲むこともなさらなかった。バウボーはいたく傷心して、自分が軽んじられたと思った。そこで、やにわに陰部を露わにして、女神に見せた。デメテルはそれを見て喜ばれ、ついに飲食物を口になさったのだ――その光景をたいそう欣喜なされて。

（アレクサンドリアのクレメンス『ギリシア人への訓戒』二・一七）[18]

これら日本とギリシアの神話について、吉田はつぎのような根本的な類似性を指摘している。

（1）「アメノウズメの問題の行為は、スサノヲが働いた乱暴に立腹し、姿を隠したアマテラスの怒りを解くために為されたものであった」。同じく、「バウボ（＝イアンベー）の行為も、男神の働いた乱暴によって重大な被害を受け、神々の間から身を隠した、大女神の怒りを和らげる目的で為されたものであった」。……（中略）……つまり、……「二つの行為はどちらも、男神の乱暴に立腹して、身を隠し、その結果世界を混乱状態に陥れ、神々を困惑させている、神威広大な大女神の怒りを宥めるために行われているという点で、明らかに軌を一にしている」。

（2）「このような大女神の怒りを宥める」という目的をもって、アメノウズメとバウボ（＝イアンベー）はともに、「女陰を露出し、それによって笑いを誘発する」という方法を取っている。

（吉田敦彦「女性器露出神話の系譜」[19]）

なお、ホメーロスの「デメテル讃歌」では、「娘のことを思い焦れて」、「一言も発することなく」、飲食物を口にしないデメテルを、イアンベーという侍女が卑猥な冗談を言って、女神を「微笑み笑わせて御心をなごませた」と記されているが、バウボーと対応した役柄を演じているのは明らかである。[20] しかし、論議を簡略にするためにバウボーのみをここでは扱うことにする。

さらに吉田は、高句麗の建国神話やコーカサスのオセット人の『ナルト叙事詩』、あるいはまたケルトのクーフリン伝説の例を引用しながら、とくに日本とギリシアの神話において「偶然の所為とは認め難いほど顕著な類似」を見さだめ、それはイラン系遊牧民からアルタイ系遊牧民、ひいては「朝鮮半島を経由して、日本にまで伝播した結果」として生じたものであろうと推論している。[21] そのような伝播説が有効であるか否かについて、ここでは問わない（ユーラシア東西の神話伝説のあいだで認められる、その他の類例に関しては氏の最近の著作参照[22]）。

ただし右のギリシアと日本の神話の類似性については、吉田自身が触れているように、レナック、クシュ、松本信広などによって既に指摘されている。加えて、その他の先学として松村武雄の名をあげねばなるまい。

詳細は省くが、松村は「戯笑」を主たるモチーフとするギリシアとローマの神話伝説を分析し、それらと日本各地の民俗的な慣行として の「笑い祭」との比較を試みた。ここで問題としているアメノウズメとバウボーが女陰を露出する振舞について松村は、「自然」もしくは「神」を笑わせることによって、「その萎え衰えた活力を鼓舞して復回させる」という積極的な意義を見出し、これを「祓除の儀礼」と「招迎の儀礼」の両面を兼ね備えたものだと主張した。(23)

さて両先達の卓抜な指摘にもかかわらず、「女性器露出」のモチーフに議論を集中されたためか、遺憾ながら、ロキの「男性器露出」を物語る北欧のスカジ神話には論及されなかった。スカジの怒りも、いわば「男神の暴力」(スィヤチ殺し)に起因していた。またロキはその道化じみた綱引きによって、怒れる山の女神の笑いを誘発しているのだから、当然、比較考察の対象となすべきであろう。

その意味においてマーガレット・クリュニーズ・ロスが、ギリシアのデメテル・バウボー神話と北欧のスカジ・ロキ神話の間に類似性が認められることを指摘したことは注目に値する。女史は文化人類学者レ・ハイアットによって報告されたスリランカの民俗を紹介しながら、つぎのような比較考察を試みている。(24)

それによるとスリランカでは、女神カンナキ(Kannaki)と神話的に紐帯をもつ「女組」と、女神の夫パランガ（Palanga）と紐帯を有する「男組」とに分かれ、「角の競技」（horn play）と称する祭儀（インドの鹿角またはかぎ状に曲がった木を使用）が執行される。双方は綱に結びつけたフックを押したり引いたりして、どちらのフックが壊れるか勝負を競う。そして「男組」が負けた方が、「然るべき（喜ばしい）結果」として歓迎されるという。二世紀の『シラッパディカーラム』と称するタミールの叙事詩には、カンナキの夫が死に、女神が悲嘆に打ちひしがれ、各地をさすらう記述がある。またレ・ハイアットがスリランカのカンナキの祭司から伝え聞いた話によると、傷を負い熱病に冒されるほど各地を巡り歩いたカンナキが、とある木陰で休息をとっていたとき、その前で子供達が「角の競技」に打ち興じていて、北の男性側の角が壊れたのを見た彼女は、そこで夫の死後初めて笑ったという。

このような民俗を踏まえてクリュニーズ・ロスは、近親のひとり（スカジの父、デメテルの娘、カンナキの夫）を失った女神たちの嘆きというモチーフに着目し、カンナキの場合には「祭祀結社と女神の和解」の伝承が不明瞭ではあるが、いずれの神話伝承も、女神の悲嘆が、「性的な挑発によって惹起される笑い」によって解消・昇華している点で共通していることに着目した。(25)

さらに既に何人かの学者たちがスリランカの「角の競技」を一種の去勢と解釈している

ことを承けて、女史は陰嚢で綱引きをするロキも「去勢の真似ごとをしている」のだと結論を下している。そして「髭を生やした牝山羊と復讐に燃えた女巨人スカジ」の表現から、「ある種の状況において女性たちが、通常は男性的とみなされる振舞をすることが許容された」のだろうと推論している。(26)

このようにクリューニーズ・ロスは秀抜な議論を展開したのだが、一見単純な、しかしすこぶる重大な見落としがあったと言わねばならない。デメテル（Demeter）はその名の示す通り、「大地の母」であり穀物の豊饒を司る女神である。それに対して北欧のスカジは、先述したように「闇と死の女神」であり、「スキーの女神」（öndurdís）と称されたように、冬の季節と密接な関係をもった「狩猟女神」であった。さらに無視すべからざることに、バウボーやアメノウズメによる「女性器露出」とロキによる「男性器露出」の神話は、その本来の意味を異にしており、峻別すべきではないだろうか。

だが、バウボーの名義を baubon「張り子のペニス」に関係させる説がある。(27) またデメテルがクレタの狩人イアシオーンを愛したという記録がある（『オデュッセイア』第五歌一二五―一二八）。ちなみにイアシオーンはゼウス神の雷撃によって殺されるが、ホメーロスはその伝説の直前に、曙の女神エオースに愛された巨人の狩人オリオンが狩猟女神アルテミスによって矢を射られて殺されたことを記している。(28) ここでは愛に嫉妬する神の例があげられているのだが、狩猟女神アルテミスとデメテルが列挙されていることが気がかりである。

デメテルは部分的に古き狩猟女神の相貌を継承しているのかもしれない。もしそうだとすると、バウボーは本来、自分の女性器ではなく、偽《にせ》の男性器（バウボーン）を見せて女神の笑いを喚起したという神話を、より原型的なものとして推定することができるだろう。その場合、スカジ・ロキ神話とデメテル・バウボー神話は共通の根源を有するということになる。そして前者の北欧神話の方が、古層の狩猟文化の慣行をより濃厚に反映しているという説が成り立ちうる。

しかしクリュニーズ・ロス教授はそこまで踏み込んだ議論を展開されなかった。ただし、男組と女組に分かれるスリランカの「角の競技」の民俗は、さらなる比較研究を進めるひとつの道標となるであろう。そこにおいて男組が負けることが「嘉事」とされたように、ロキがスカジの膝に転がり込んだというのは、綱引き相手である「牝の山羊」に象徴される「女性の情欲」あるいは「輝ける花嫁」と称されたスカジの「性的魅力」の前に、「男の性」（メール・セックス）の代表格であるロキが屈服してみせる、という擬態を演じたと解釈できる。

4　綱引きの習俗

それにしても、「押したり引いたりする」スリランカの「角の競技」は、われわれ日本人がよく知っている綱引きとは趣きを異にしている。幸いにしてわが国は綱引きの民俗例の宝庫である。この幸運を利用しない手はあるまい。

山口麻太郎によれば、日本における綱引きの時季は正月と二月が最も多く、六月、七月、八月または盆の行事とする例がこれに続き、まれに九月〜十一月の例がみられるという。そして本来、一年を二期に分けた初頭に当たる「正月と盆」の行事とみなすことができ、年占、農作物の豊饒祈願、漁事の大小の予測、招福除災などの信仰的な意味がその根底にあると説かれている。(29)

また伊藤幹治は、沖縄群島を中心に、農耕儀礼の一環に組み込まれた綱引きについて論じている。それによると六月は「稲作＝畑作複合」の性格があり、七月は「漁労＝狩猟的要素」を含むようになり、八月の儀礼になると「再び稲作＝畑作複合へと傾斜する」という。ここで問題としている綱引きは、相撲や「魚捕り、猪狩りなどの模擬行為」とともに、刈り上げ儀礼の「予祝行事」として位置づけられるという。ちなみに沖縄の場合、稲の播種期は十月～十二月で、収穫の時期は五月～六月である。(30)

そして沖縄本島などでの綱引きは、上記の六月と七月に実施されるが、注目すべきことに七月の儀礼においては「来訪神を迎える」行事が執行されるという。すなわち稲作＝畑作複合と称された収穫儀礼の中に漁労＝狩猟の要素が混入してくるとき、ニレー（「ニライ・カナイ」と同系）と呼ばれる「海の彼方の豊饒な世界」より、人々を祝福するために来訪する神を歓待する神事が行われるというのである。(31)

これらの民俗例は、かねてよりの私の主張、すなわち山の狩猟女神スカジと海の神ニョルズは、それぞれの領域から幸をもたらす「北欧のマレビト」である、という見解に光を投ずるものとなるだろう。(32) そしてこの図式に従えば、ロキの綱引きは本来、「山からの来訪神スカジを迎える神事」の意味があったのではないかと推定できる。

ちなみに八重山群島の刈り上げ儀礼の場合、「来訪神（アカマタ・クロマタ）慣行型」と「綱引き慣行型」は相互に排除するような分布を示しているという。(33) さて、伊藤の報告例のなかから、ロキの綱引きの意味を考察する上で、きわめて興味深い一例を紹介しておこう。

鳩間島の「プール」祭の三日めに、東西に分かれて綱引きが行われるが、「象徴的な贈答行為」の後に、東組には男たち（長刀と酒を持つ）、また西組には女たち（稲と粟の穂を結んだ籠を持つ）が陣取り、まず互いに近づいて、「穀物の入った籠と酒」とを交換する。そしていよいよ綱引きが始まるが、「毎年、西組がかならず勝つ仕組みになっている」という。なぜなら、西が勝てば来年は豊作、もし東が勝てば凶作になることが予想されるからだとされる。(34)

このような宗教的な観想をスカジ神話に当てはめれば、「男性側」の引き手であるロキは、女神の膝に倒れ込むことによって、「牝」山羊（女性原理の代表）との綱引きに負けて見せなければならなかったことになる。そもそもスィヤチ殺しは「男性神たちの暴力」によって生じた事件であった。したがって「男性器の露出」によって男性原理を代表したロキが、女性原理の前に屈服することによって「和解」（satt）が成立し、来るべき年の豊猟が期待されることになる。あわせて海の神ニョルズは、「神々の輝かしき花嫁」という称辞が与えられた美女神スカジと結婚する幸運に恵まれたのであるから、海での「豊漁の予祝」となったと解しうる。

「海をゆくときや漁に際しては、この神（ニョルズ）に祈願するとよい」と記されているが（「ギュルヴィの幻惑」二三）、動詞 heita「祈願する」は、字義的には「名を呼ぶ」であり、「呪文で呼びだす」、「神の加護を求める」、「契約する」、「おごそかな誓いを立てる」という意味がある。人々は、「海幸」だけではなく、「土地や動産」を恵み与えてくれるニョルズの名を呼び、祈願を立て、また予祝の神事を行なって崇めたのだろう。ニョルズと相関をなす山の女神スカジに対しても、女巨人に零落させられる以前のより古き時代には、類似の信仰形態を認めることができるように思う。

『日本民俗事典』によれば、日本の綱引きは、部落対別の部落、部落内の二組、農村対漁村、東組対西組、そして男対女の対抗などの諸例があって、勝った方に豊饒が約束されるが、たとえば最後の例のように「勝負というより神事の意味が強く」、女が勝つ（豊作の保証）ように、最初から「段取りが組まれている」場合があるとされる。[35] ロキと牝山羊の綱引きの模擬戦においてもこの原則が妥当するのではないだろうか。

また綱引きの時節は、東日本では小正月、西日本では盆、九州では仲秋の名月の期日に執行される一般的な傾向が認められる。ロキの綱引きは、スカジ来訪の時節に一致していると考えた方がごく自然であろう。先述したように、「スキーに乗る女神」（オンドゥル・ディース）と称されたスカジ来訪の季節は冬であるにちがいない。日本の諸例と同じく、ロキの綱引きにも「年占の意味」があったのではないか、検討の余地がありそうだ。

5　冬至の山羊祭

クリスマスすなわち古くは冬至祭のひとつとしてスカンジナビア各地で執行された、「冬至の牡山羊」（ユレ・ブック）と「冬至の牝山羊」（ユレ・ゲイト）の祭事が想起されてくる。別名「新年の牡山羊、新年の牝山羊」（nyårsbukk, nyårsgeit）とも称されるが、その名の示す通り、「牡山羊と牝山羊に仮面仮装した者たち」が、ある種の「超自然的存在者」として森から人里へ訪れ来るのである。T・グンネルの著に基づき、その民俗を紹介しておこう。(36)

彼らは人々に対してなかば強制的に食べ物や飲み物を請いもとめ、しばしば舞踏を伴う場合もあった。その仮装者たちは一見「野卑」な振舞をするが、「冬至の牡山羊」は「通常は猛々しく人々に突き当たってくる。そして最初に角で突かれた者は、冬至の牡山羊の妻になると考えられていた」とされる。十九世紀初頭スウェーデンのある報告によると、山羊に仮装した若者たちが、「若い男女に対して放縦《ほうしょう》な振舞いを見せ、大きな角で突き合いをしたり、キスをしたり、小枝で叩いたりする」という。バルト海をへだてたエストニアでも山羊祭が行なわれたが、そこはかつてスウェーデン系のヴァイキングの移住地であった。その山羊の変装においては、より露骨に男根をかたどったものが登場していることからしても、山羊の角が男性器のシンボルであったことは明白であろう。(37)

興味深いことに、西スウェーデンのボフスレン地方の山羊祭においては、「牡山羊が牝山羊によって殺される」という擬態を演じ、然るべき歌がうたわれ、その死体に外套が被せられると、「突如として生き返り、膝をついて立ち上がり、そして床を棒で激打する」という。このような「冬至・牡山羊の殺害とその蘇生」の祭儀について、グンネルは「冬と夏の季節の闘争」と解釈している。(38)

さて、私としては、近代にまで継承されてきた「牡山羊と牝山羊」の祭事は、ロキの笑劇の原義を探る上できわめて有効であることを主張したい。総括すれば、ロキの笑劇には、つぎのような神話的かつ儀礼的な意味が潜んでいると思う。

（1） 冬至において山の女神が来訪する。「兜、鎧など、ありとある武具に身を固め」、とあるように、その出で立ちはきわめて男性的であり、「荒ぶる女戦士」の姿を想像させる。

（2） その山の女神または狩人の女神に、海の神を花婿として奉納している。本来、

冬至の牝山羊と冬至の牡山羊の扮装（スウェーデンのヴェムダーレン）

「山幸と海幸を招来するための」儀礼的な結婚であるから、離婚にいたる。しかし、定期的に繰り返された古来の豊饒儀礼を反映していると思われる。

（3）ロキの男根露呈は、山の女神を喜ばせる狩人の慣行に起源を発している。

（4）「髭」をはやした「牝」山羊は一種の「冬至の牝山羊」（julegeit）を表象している。その牝山羊は、つぎに述べるように両性具有神としてのスカジを体現している。ここでロキはおそらく「冬至の牡山羊」（jule-bukk）の役柄を演じている。すなわち情欲に駆られた女神フレイヤによる激しい追慕をうけたオーズの神話との類比をもって、男性シンボルを綱で結んだロキは、牝山羊に追われてついに捕まった牡山羊の擬態を演じている。

（5）女神の膝に倒れ込むロキは、典型的にはボフスレンの山羊祭にあったように、女性原理に屈服したロキの死の擬態であろう。すなわち日常的な男性支配の原則に対する、儀礼的な価値転倒とみられる。この事がスカジを笑わせる誘因となったのだ。

（6）ちなみにスカジ（skaði「損害、危害、死」）の名が男性名詞であることから、スカジは本来、「暗闇が支配する冬と死の男神」であったとみる説がある。[39]（1）で記したように、荒ぶるスカジの来訪直後の段階では、「神々にとっての輝ける花花嫁」と称された女神が、男性的な性格を前面に打ち出している。

（7）こうして、両性具有神としてのスカジが恐るべき死の男神として立ち現れたとき、ロキの男根露呈の行為は、その逆反照によって、「狩猟の女神」としてのスカジの女性的な特性（female sex）に光を当てることになる。なお、この見解（7）については別の稿で論じたことがある。(40)

（8）スカジの前でファロスを露呈して見せたロキの所作は、結果的に、「ある狩りの獲物」に恵まれるように、祈願していることを意味するだろう。スカジがそれを見て「笑った」ということは、ロキの祈願が聞き届けられたことを示唆している。

（9）皮肉めいたことに、ロキがここでひそかに念願している「狩りの獲物」とは、次章で扱うように、バルドル殺しの実現であったと推定しうる。

項目（1）で「荒ぶる女戦士」と名づけたスカジ来訪の出で立ちは、「神逐《かむやら》ひ」（神界からの追放）されたスサノヲが高天原を訪れたとき、これを迎えたアマテラスの扮装を想起させる。背に千本の矢を入れた靫《ゆき》を負い、正面に五百本の矢を入れた靫を付けて、「弓腹を振り立てて」、地を踏みとどろかし、「雄叫びの声」を張りあげた、などと記されている（『古事記』）。この直後に、スサノヲの「心の清明」を証するために、天の安河にて行なわれた「誓約《ちかい》」は、両神の儀礼的な神婚を思わせ、構造的には右の項目（2）に対応している。

いわばニョルズとスカジの神婚という「契約」が成り立った（3）以降において、ロキが笑劇を演じている。それが功を奏したということは、スカジに代表される巨人族と敵対するアース神族との間に、「和解」が成立したことを意味している。鍛冶屋に変身した匿名の山巨人、およびスリュムやフルングニルなどの巨人たちが、女神フレイヤに求婚したときにはことごとく失敗し、最終的にはいずれの花婿候補者も殺されている。およそこの場合のみ例外的に、怒れるスカジを慰撫するために、花婿が神々の側から提供されているのだ（拙論参照(41)）。

項目（8）と（9）が、次章のバルドル殺害神話につなぐ導きの糸の役を果たすだろう。端的には、なぜロキがバルドル殺しを成就しえたか、その秘密がここに隠されている。項目（3）の「ファロス露呈」が結果として（7）と（8）を導いている。そこで、「山の女神」の歓心を買い、豊猟を祈願して「男根露呈」する、日本の民俗を紹介しておこう。

狩猟文化に詳しい千葉徳爾によれば、狩人が男根を露呈して、山の女神に獲物に恵まれるように祈願を立てる習俗や慣行が日本の各地で認められる。男根の提示はこのような「祈願」の場合もあるが、ときには狩猟の後の「奉謝」として、小屋の中でおごそかに行われたとされる。[42]千葉は、ヨーロッパの旧石器時代の洞窟壁画の一種に、獣と向き合って男根を勃起させた男が描かれていることに着目している。そして、「男根の勃起力が獲物を引きつける力がある」と信じられていたと推察し、男根露呈が「悠久の昔にさかのぼる」呪術的な行為であったことを諸例をあげて論じている。そして男根露呈の慣行は、温暖化による狩りの獲物の移動にともなって、旧石器時代のフランスやイベリア半島からスカンジナビアにも到達し、またユーラシア大陸の東方へ拡がって行ったと推定している。[43]

ただし、千葉がいかなる具体的な根拠をもって、狩猟民のファロス露呈の習俗が北欧にも広がっていったと述べたのか、遺憾ながら私は知らない。しかし少なくとも、千葉の壮大な仮説に対するきわめて有力な証拠として、「狩猟女神スカジの面前におけるロキの男根露呈の行為」の意義を確定できると信じている。この視点をもって言えば、ロキの笑劇を「去勢の真似ごと」とみなしたクリューニーズ・ロスの説には承服できないのである。

千葉によれば、狩猟集団への初参加の者のために、たとえばつぎのような祭儀（オマツリ）が執行されるという。

前回のオマツリの経験者（オヤクニン）が、初参加の若者を裸にして「その男根をカラクル任務をもつ」。山に入って第一夜、まず薪の小枝をシトメ木に見立て、男根をシシとして、シトメ木を下からさし入れ、また別のシトメ木を脇に入れたりして、穴にいるシシを捕獲する方式を真似て「男根をカラクル」。勃起して突出すると「ヤア　大きなシシが出てきた」などと騒ぎ、これを銃で撃ちとる真似をして「オテガラー」と叫ぶ。「それから撃ったシシを穴から引き出すと称して、実際にそれに用いる荷縄を小屋の天井の梁にわたし、その先端を輪にしてヘノコのカリに掛け、「引きあげろ」といって輪をしめる。そして荷縄の端をもった仲間たちが、「掛け声をかけてそろそろと引き、若者の男根をつりあげて終わる(44)」。

きわめて厳粛な行事であって、この間、笑う者は誰もいないという。ここでは男根が狩りの獲物に見立てられ、それを狩り出す模擬的な行事としての綱引きが新参者の加入儀礼の意味をもって執行されている。

キリスト教の価値観による抑圧をこうむり、衰滅していった北欧の民俗から類例を探すことはいまや困難または不可能であろうが、わが国の豊富な民俗資料に立脚し、それらを基点として、「男根露呈のロキの笑劇」を照射し、その原義を探ることが出来るのである。北欧の他の神話についても、同様な方法論を適用できるのではないかということが今後の課題として残されている。

註

(1) 第三章（11）Turville-Petre, 164.

(2) 第四章（15）水野、一—二。

(3) 第四章（2）および第二章（19）参照。

(4) Georges Dumézil, *From Myth to Fiction: The Saga of Hadingus.* tr. Derek Colman (U of Chicago P, 1973) 30.

(5) Dumézil, 30.

(6) 第四章（18）Mizuno, 84-86.

(7) 水野知昭「風、海そして火の神ニョルズ」『エポス』第7号（一九八二）三六—五五。

(8) 序（13）de Vries, Bd. I, 276-77.

(9) 松村武雄『日本神話の研究』第四巻（培風館、一九五八）二四一。

(10) 松村、第三巻、七一八。なお、グッルヴェイグの名も古代の「霊力」(veig) 信仰を体現していることを指摘し、日本神話に関する松村説を紹介した。第三章（12）水野、一一二—一一三。

(11) 第三章（7）Cleasby & Vigfusson, 375.

(12) 本章（7）水野、四五—五二。風は、山、海、大地に「いのちの息吹き」を吹き込み、民に「幸」を恵与してくれる神霊的な力だ、という古代信仰を照射した。そしてニョルズが司る「風、海、火」のエリメントを統合する文化的背景として、北欧青銅器時代における火葬の成立に焦点を当てた。風は「魂を運ぶもの」、海は「魂を宿すもの」、そして火は「魂を肉体から遊離させ、転成させるもの」、という霊魂不滅信仰があった、と論じた。

(13) 第三章（11）Turville-Petre, 56.

(14) Elias Wessén, "Swedische Ortsnamen und altnordische." *Acta Philologica Scandinavica* 29（1929-30）97-115. およびEric Elgqvist, *Ullvi och Ullinshov: Studier rörande Ullkultens uppkomst och utbredning*（Skånska Centraltryckeriet, 1973）70-77; 104-10.

(15) Anna Chaudhri, "The Caucasian Hunting-Divinity. Male and Female: Traces of the Hunting-Goddess in Ossetic Folklore," *The Concept of the Goddess*. eds. Sandra Billington & Miranda Green（Routledge, 1996）166-77; 170.

(16) 吉田敦彦「女性器露出神話の系譜」『小さ子とハイヌウェレ』所収（みすず書房、一九七六）四一―七二。

(17) 第一章（13）尾崎、九九―一一二。その要約。

(18) G. W. Butterworth, tr. Clement of Alexandria: The Exhortation to the Greeks.（Loeb Classical Library, 1982）40-43. なお、拙訳による引用。

(19) 本章（16）吉田、四三―四四。

(20) 「デーメーテール讃歌」からの部分引用は次著に依拠。沓掛良彦『ホメーロスの諸神讃歌』（平凡社、一九九〇）一一七―一一八。

(21) 本章（16）吉田、五〇―五一。

(22) 吉田敦彦『日本人の女神信仰』（青土社、一九九五）。あるいは『水の神話』（青土社、一九九九）その他多数。

(23) 松村武雄『希臘《ぎりしあ》神話の新検討』（培風館、一九五三）二九七。
(24) Margaret Clunies Ross, "Why Skaði laughed: Comic seriousness in an Old Norse mythic narrative." *Maal og Minne* 1-2 (1989) 1-14.
(25) Clunies Ross, 11-12.
(26) Clunies Ross, 12.
(27) Maurice Olender, "Aspects of Baubo: Ancient Texts and Contexts." in: *Before Sexuality: The Construction of Erotic Experience in the Ancient Greek World.* eds. David M. Halperin, et al. (Princeton UP, 1990) 83-113; 84.
(28) 松平千秋（訳）『オデュッセイア』（上）（岩波書店、一九九四）一三四。
(29) 山口麻太郎「綱曳考」『郷土研究』第6巻・第2号（一九三二）六五—七一。
(30) 伊藤幹治『稲作儀礼の研究—日琉同祖論の再検討—』（而立書房、一九七四）一三一。
(31) 伊藤、一〇二、一〇八、一一二。
(32) 第二章（17）水野、一八八。および第四章（18）Mizuno, 84-87. その他。
(33) 本章（30）伊藤、一一四。
(34) 伊藤、一一六。
(35) 大塚民俗学会（編）『日本民俗事典』（弘文堂、一九七二）四六六—六七。
(36) Terry Gunnell, *The Origins of Drama in Scandinavia* (D. S. Brewer, 1995) 95-128.
(37) Gunnell, 112.
(38) Gunnell, 118.
(39) 第三章（11）Turville-Petre, 165.

(40) 第四章(18) Mizunno, 76.
(41) 水野知昭「求愛の使者スキールニルの旅—フレイとバルドルを繋ぐもの—」『日本アイスランド学会会報』20号(二〇〇〇:二〇〇一刊)二三—三五。三一参照。
(42) 千葉徳爾『女房と山の神』(堺屋書房、一九八三)一〇二。
(43) 千葉、一二二—二三、一二八—二九。
(44) 千葉、一〇七。

第六章　殺されたバルドル

1　序

あるとき、最高神オージンの息子バルドルが殺された。かれは不死身であったはずなのに、なぜか、宿り木を射られて殺されている。その語りに従えば、犯人はふたりだ。ひとりは、あの縦横無尽の活躍をするロキ、もうひとりは盲目のホズだ。しかし、よく目を凝らせば、この神話に登場するキャラクターの全員に殺しの責任があるように思える。

「バルドル殺害神話」に初めてふれたとき、それまで味わったことのない不思議な感覚に襲われた。バルドルが殺されることは、最初から運命づけられていたかに見える。父オージンは息子がホズの手にかかって殺されることを予知していたのだが、その神の力をもってしても惨劇の発生を阻止できなかった。また、なぜか、母神のフリッグ自身の口から、愛息バルドルを死に追いやる「宿り木」の秘密が暴露されている。

その後も繰り返して、バルドル殺害の謎に挑んできたが、ひとつの解決が新たなる謎を生むこともしばしばだった。こうして最初のうちは、なかば遊び心でロキやバルドルと向き合っていたのだが、この殺害の元凶と悲劇の舞台裏を探っているうちに、ふと気づくと、北欧神話の大系にのめり込んでいた。バルドル殺害神話は、その迷路に潜入し、また帰還する導きの糸であった。この神話ほど私を魅了したものはない。

バルドルについて、「容貌がとても美しく輝き、彼から光が発しているほどだ」と記され、「最もすぐれ、だれもが彼のことをほめ称えた」という。バルドルを取り巻くこの状況を、悲劇の前段階として項目（1）とし、「理想的なバルドルの存在」と名づけておこう。光り輝くばかりに美しく、称賛を一身に集めていたバルドルではあったが、追ってお分かりいただけるように、どうやら殺されねばならぬ「運命」（ウルズ）だったとみえる。

ひとくちにバルドル殺害神話と言っても、スノッリ・ストゥルルソンとサクソ・グラマティクスが記した内容はかなり異なっている。前者は『散文のエッダ』所収の「ギュルヴィの幻惑」四九章にまとめられており、ロキが盲目のホズを唆して「不死身」と思われたバルドルを殺し、その蘇生をも阻む役割を演じている。バルドルが海の彼方へ葬送されるとき、妻のナンナが悲しみのあまりにショック死を遂げている。それに対してラテン語で書かれたサクソの資料では、「半神」（セミ・デウス）と呼ばれるバルデルスと、ノルウェー王ゲヴァルスの養子（スウェーデン王家の出身）ホテルスの間で、ゲヴァルス王の息女ナンナをめぐって繰り広げられる求婚・求愛の闘争の話になっている。(1)

ラテン名の両雄バルデルスとホテルスがそれぞれバルドルとホズに対応することは言うまでもないが、ホテルスは「盲目」ではなく、武芸に秀でた勇者として描かれている。一方、バルデルスはと言えば、水浴中のナンナの姿をかいま見て以来、恋の懊悩にとりつかれ、ホテルスとナンナが結婚したあとでもなお執拗に求愛し、恋敵のホテルスを討ち果たそうとする邪神として描かれている。(2) スノッリの伝承と異なり、サクソの伝承では、最終的にナンナの愛を勝ち取るのはホテルスであり、「ロキの介在」もなく、激闘を繰り返した末に、バルデルスを単独で打ち倒している。(3)

いわゆるサクソ異伝のバルデルス（バルドル）についても、すでに幾つかの拙稿をもうけたのだが、ここでは簡略を期すために、スノッリの記録を中心に扱うことにする。ときには「巫女の予言」、「ロキの口論」および「バルドルの夢」など、『詩のエッダ』の記載を参照にしながら考察してみよう。

2 バルドル殺害神話の粗筋

さて、ほとんど「理想的な存在者」であるバルドルは、つぎのような経緯をたどって殺害されている。まずはその粗筋を紹介しておきたい。

そもそもこの物語は、〈かの優れた者〉なるバルドルが、何か重大な、自分の生命の危機にかかわる不吉な夢を見たことから始まっている。そこで彼はアースの神々にその夢のことを告げたところ、神々は、解決策を探るべく会議を招集した。そしてあらゆる種類の危険に対して、バルドルのために安全の保障を求めるという決議が下された。こうしてフリッグは、火、水、鉄とすべての金属、石、大地、木々、病気、動物、鳥類、毒、蛇など、ありとあるものから、バルドルに危害を加えないという厳粛な誓約をとりつけた。

さて、このような策がほどこされて誓約の確認が終ったとき、バルドルとアース神たちの間でゲームが流行りだした。つまり、バルドルが会議の席に立って、他のすべての者たちが彼をめがけて、ある者は射たり、ある者は斬りつけ、またある者は石を投げたりしたのだ。しかしどのようにしてみても、彼は怪我ひとつ負うことがなく、皆にとってこれは大変な名誉だと思われた。

ところが、ラウフェイの息子ロキがその有り様を見たとき、バルドルがすこしも負傷しないのは不愉快だと思った。

彼はフェンサル（「沼の館」の意）のフリッグに会いに出かけ、女性の姿に変身した。そこでフリッグはその女に尋ねた。アースたちが例の会議でどんな事をしているか、お前は知っているのかと。彼女は答えた。皆がバルドルめがけて射放っておりますが、彼はすこしも負傷しないのですと。

するとフリッグは言った。

「武器も木々もバルドルに危害を加えることは出来ない。この私がそれらすべてから誓いを取りつけたのだから。」

そこで女は尋ねた。

「すべてのものがバルドルに害を及さぬと約束したのですか？」

それに対してフリッグは答えた。

「ヴァルホッルの西方に一本の木の枝が育っている。それは宿り木の名で呼ばれているが、そのものだけは例の誓約を求めるにはまだ若い、と私には思われたのです」と。

直ちに、女はその場を立ち去った。そして宿り木を取って、引き抜き、会議の場に戻ってきた。

さて、輪をなす神々の外側に、ホズが立っていた。というのも、彼は盲目だったからだ。そこでロキはその者に尋ねた。

「どうしてお前はバルドルめがけて物を射ないのだ?」

彼は答えた。

「私にはバルドルがどこにいるのか見えないし、また、武器を持っていないから」。

そこでロキは言った。

「お前も他の奴らを真似てやってみるがよい。他の者どもと同じように、バルドルに敬意を示すのだ。彼がどこに立っているかは、私がお前に教えてやろう。この枝で彼を射かけるのだ。」

ホズは宿り木を受け取り、ロキに教えられるままにバルドルの方を射た。その飛び道具はバルドルを刺し貫き、彼は地に倒れて落命した。こうして神々と人間たちの間で最大の不幸が発生したのだ。

バルドルが倒れ伏したとき、すべてのアースたちは語る言葉を失い、彼を抱えおこすべき手もまた力が失せた。そして互いに顔を見合わせるばかりで、この所業を犯した者に対して、皆が同じ思いを抱いた。しかし、そこは極めて神聖な場だったので、誰も復讐を遂げることができなかった。努めて語ろうとしてみても、悲嘆の声が先に出るばかりで、誰も相手におのれの痛恨の情を然るべき言葉で語ることができなかった。とりわけオージンは、この損失を最も憂慮すべきものとして胸中で受けとめていた。というのも、バルドルの死によって、いかに大いなる殺戮《さつりく》と喪失がアースたちを見舞うことになるかを、彼は誰よりも鋭く察知していたからである。

（「ギュルヴィの幻惑」四九）

このような神話には、語り手とこれに耳を傾ける聴衆がいたはずである。議論をわかりやすくするため、右の粗筋を簡略な項目に分けて整理してみよう。

（1）理想的なバルドルの存在
（2）凶夢を見たバルドル
（3）対策を練る神々の会議
（4）母神フリッグが万物から呪的誓約を取りつける。
（5）神々の間でバルドル攻撃・虐待のゲームが流行する。

(6) バルドルが一切の危害をまぬがれているのを見て、ロキは不快感をもよおす。
(7) ロキが女装して、フリッグを訪問する旅に出立する。
(8) ロキとフリッグの「女どうしの会話」の中で、宿り木の秘密が漏れ出る。
(9) ロキはヴァルホッルの西に向かい、宿り木を入手する。
(10) ロキは神界の「会議の場」へ帰還する。
(11) バルドルを中心に神々は「輪形の集団」をなしていたが、その枠外に、ホズがひとり立っていた。
(12) ホズは盲目である上に、「武器を持っていない」と弁明している。
(13) ロキはそのホズに宿り木を手渡し、「この枝で射よ」と教えさとす。
(14) ホズの射た宿り木が命中し、バルドルは落命する。
(15) こうして神界と人間界にとって「最大の不幸」が発生した。
(16) 突然の惨劇に意気そそうする神々。しかし、その場は「不可侵の聖域」(griðastaðr)だったので、復讐はかなわず、神々はみな語るべき言葉も失い、ただ悲しみに暮れるばかりだった。
(17) 父神オージンは、アースたちにとっての「殺戮と喪失」がいかばかりに大きいかを「誰よりも鋭敏に察知していた」ので、バルドルの死を最も厭うべき「損失」

（スカジ）として捉えていた。

このうち項目（17）については若干の説明を要するだろう。オージンの胸中に渦巻いたという「損失」あるいは「損害」（skaði）の心情は、息子の死を悼む表現としては一見不自然であるが、原語の意味を伝えるためには致し方ない。「災い」と訳してもよい。いずれにしても、父としての悲しみというよりは、神界の統率者として未来を予見するオージンの心情を表わす言葉である。(4) いわば父神は、ラグナロク（神々の没落）の時が近いことを「誰よりも鋭く察知していた」ので、バルドルの死を神界にて発生した「不幸な出来事」すなわち神界にとっての「一大損失」として捉えているのだ。

ラグナロクは字義的には「神々の力の滅び」を意味し、オージンみずからもフェンリル狼に呑みこまれて絶命することが運命として定められていた。「殺戮」または「地位の剥奪」（アヴタカ）や「喪失（親族などを失なうこと）」（ミッサ）の言葉に表徴されるように、その時がいたれば、およそすべてのアース神が大難のただなかに突き落とされることになる。したがってバルドル殺害の事件は、ラグナロクという大いなる悲劇の前兆として位置づけられる。バルドルの死に際してオージンが抱いた「損害・災害」（スカジ）の心情は、ラグナロクの渦中において、「地位剥奪・転落」（アヴタカ）の憂き目を味わうすべてのアースたちの「喪失・絶望感」（ミッサ）と表裏一体をなしているように思える。
さて、改めてバルドル殺害神話の全体の流れを追ってみると、項目に応じて次のようにおよそ五部の構成に区分できるだろう。そして語りの終局としてラグナロクを位置づけることができる。

第一部　当神話の前段階としての項目（1）理想的なバルドル
第二部　（2）〜（5）不死になったバルドルと神々のゲーム
第三部　（6）〜（10）ロキの女装の旅
第四部　（11）〜（15）ロキとホズの協同によるバルドル殺害
第五部　（16）〜（17）神々の虚脱感とオージンの「損害」と「喪失」の心情
最終の語り　ラグナロク「神々の力の滅び」

3　理想的なバルドル

まず、バルドルの特性についてはつぎのように記されている。

（1）彼は最もすぐれ、誰もが彼のことをほめ称えた。容貌がとても美しく輝き、彼から光が発しているほどだ。それである草花がとても白いと、それがバルドルの睫《まつ》毛《げ》にたとえられるほどだ。それはあらゆる植物のなかで最も白く、そこで君は、このようなことから髪と体において美しき彼のすがたを思い描くことが出来よう。彼はアース神のなかで最も賢く、弁舌に最もすぐれており、最も慈愛ふかき者なのだ。ただし、彼の裁きがすこしも遂行されないのは、彼にそなわったその性格からきている。ブレイザブリクと呼ばれるところに住んでおり、それは天にあるのだ。邪悪・不純なものは、一切その場所に入ることができない。

（「ギュルヴィの幻惑」二二）

「最も慈愛ふかき」と訳した語は、「最も救助（たすけ）になる」とも解しうる。その形容詞の名詞形 líkn は「慰め、慈愛」のほかに「救助、治癒」の意味を有するからである。ディオスクーロイ（「ゼウス神の息子たち」の意）の名で呼ばれたギリシアの双生の兄弟、および古代インドの双生神アシュヴィンにも「救出者」の特性があったことを考えると、無視できない用語と言える。ここでは詳論を控えるが、バルドルはヴァン神族のフレイとともに、神界を守護すべき双生の兄弟としての特性があった、と私は考えている。(5)

ちなみにスカルド詩で「戦士」を表わすのに、fólk-Baldr「戦いのバルドル」、her-Baldr「軍勢のバルドル」、そしてvigg-Baldr「馬の（に乗る）バルドル」などの名を用いた。皆からの称賛を一身に集めていたという記述に基づけば、バルドルは神界においてまさに「最もすぐれ」た戦士の特性を有していたと言えるだろう。ただし不思議にも、具体的な戦功についてはなにひとつ記されていない。むしろ、項目（5）にみるように、諸神の攻撃と虐待にひたすら耐え忍ぶばかりであり、ヤン・ドゥ・フリースのように「受動的で苦難を耐える神」と評する学者もいる。[6]

R・E・カスクがつぶさに分析したように、古英語の叙事詩『ベーオウルフ』における人物描写をみれば、そこに登場する五―六世紀の北欧（デンマークと南西スウェーデン）の王や勇者たちにとって、「知恵と力（または勇武）」を兼ね備えていることが理想的な必要条件であった。[7] バルドルについても、「アース神のなかで最も賢く、弁舌に最もすぐれており、最も慈愛ふかき者」などと記され、最上級の形容詞が連続している。「弁舌の才」はまさしく知恵の特性を表わし、バルドルが「知恵と力」の両方に卓越した理想的な戦士の風貌があったことを示している。そればかりか、「光を発する」ほどに美貌の誉れも高く、まさに皆の称賛の的であったことが強調されている。

それに対して、バルドルを殺害したホズについては、「盲目だが力はめっぽう強い」と記されている（「ギュルヴィの幻惑」二八）。すなわち、彼はいかに力が強くても、盲目であるがゆえに最初から戦士社会のなかで除け者（アウトサイダー）の立場に置かれていたようである。ロキが宿り木を携えて帰参したとき、「輪をなす神々」（mann-hringr）の集団のまさに「外側に、ホズが立っていた」というのは、そのことを裏打ちする記述となるだろう。

右に引用した最後の一文を除けば、バルドルには何ひとつ欠点がないように見える。これをバルドル殺害神話が語り出される前段階とみなして、（1）「理想的なバルドルの存在」と名づけた。ただし、その最終の文章が伝えようとしている意味は必ずしも明確ではない。「最も慈愛ふかき者」（líknsamastr）という前文の用語に関係づけるならば、「慈愛ふかい」という性格がかえって災いして、厳粛な「裁き」（dómr）を下せないことを意味しているのだろうか。それとも、バルドルの「慈愛」や「優しさ」が昂じて、いったんは下した裁定を保持、ないしは実行に移せないことを言っているのだろうか。ともかく、いかに雄弁であっても、彼によって下される「裁き」または「判断」を問題視していることは確かである。(8) この意味において、項目（5）の「神々によるバルドル攻撃・虐待のゲーム」がまさに「会議」の席で行われているのは無視できない。

4 不死になったバルドル

さて、聴衆たちは、最初の語りの（1）において、まさに「理想的な」バルドルが神界に存在していることを知らされる。この段階では一見したところ、何の心配も無いようにも見える。

しかし（2）にいたるや、生の充溢のなかに忍び寄る「死の影」を看取せざるをえなくなる。最高神オージンの息子であり、いわば神界の王子バルドルに、はたしてこの先いかなる「転落」が待ち受けているのだろうかと、話の展開に思わず緊張させられる。〈優れた者〉（イン・ゴージ）という仇名は、〈良き者〉、〈優しい者〉、〈寛大な者〉あるいは〈勇敢な者〉の意味にも解しうる。バルドルがその凶夢におびえ始めたとき、特に〈勇敢な者〉という彼の異名はいささか空疎な響きをもって聞こえてくる。

（3）神々が急きょ会議を開き、「すべての危険からバルドルの安全を保つ」という決議を下したことで、「死に至る階段《きざはし》」を転げ落ちるかに見えたバルドルを救い上げる方策が練られていることを知り、この語りに耳を傾ける聴衆はひとまずは安堵の胸をなでおろす。

（4）においてこ、おそるべき神威をもった母神フリッグの介入が語られる。フリッグはおよそこの世の万物に対して、愛息バルドルに一切の危害を加えぬという誓約をとりつけることに成功した。こうしてこの呪的誓約によって、聴衆が抱く不安感は、拭い去られたかに見える。しかし、その一方では、「見かけの上で不死身」になったバルドルは、もはや「尋常の生」からかけ離れて、また死ぬこともかなわぬ「宙ぶらりの状態」に置かれている。

さて、バルドルに危害を加えないという万物の呪的誓約が完全に守られているかぎりは、バルドルの身は安泰であった。言いかえると、バルドルは母神の呪術のおかげで「不死」となり、その呪力が有効であるかぎりは、神界において永遠に「生き続ける」ことになる。いわば母神の介入によって、バルドルは「生と死の循環原理」を打ち破る危険な存在と化したことになる。

（5）こうして、バルドルは母神の呪力によって完全に守られた存在と化したのだが、神界の中で奇妙なゲームが流行し始めた。それは「バルドルの skemtun」と記されており、「娯楽」または「気晴らし」を意味している。神々にとっては、まさにバルドルを標的とするゲームであった。バルドルが「会議の席」（スィング）に立ち、他のすべての神々が彼をめがけて「射たり、斬りつけたり、石を投げたり」、およそありとある攻撃を試みたのだ。表面的には集団の暴力に見えるものの、その内実は、バルドルの不死性を確認する意味合いがあった。便宜的にこれを「バルドル虐待のゲーム」と名づけておこう。(9)

いかなる攻撃を加えても、バルドルは怪我ひとつ負うことがないので、神々はこのゲームに夢中になった。「皆(神々)にとってこれは大変な名誉(frami)だと思われた」と記されている。名詞 frami には「勇気、大胆」、「幸運」、「栄誉」そして「利得」という意味があり、まさに多義的な解釈が可能だ。たとえばある者にとって、オージンの息子バルドルを攻撃することは、確かに「勇気」を要するが、それは同時に永続するバルドルの生を祝福し、その「幸運」にあやかろうとする試みとなった。また、バルドルに「果敢な攻撃」を加えることは、結果的にその不死身性を証明する「栄誉」に浴することになる。いすなわちこの虐待ゲームに参加する神は、みな「勇敢な戦士」の資格を獲得したのだ。いかなる武器をもってしても、またいかに力をふるっても、バルドルは無傷であるから、この限りにおいて、加害者たちは、「主神の息子殺し」という大罪を犯すスリルを味わいながら、その罪を負うことを完全に免れており、まさしく「皆にとってこれは大変なもうけもの(利得)だと思えた」という解釈も成り立ちうるだろう。

5　ロキ女装の旅

射撃や打撃など、いかなる攻撃にも耐えうるバルドルの姿には、「神界を守護する戦士」の理念がこめられている。その見かけ上の「不死性」が保たれているかぎりは、神界も不滅であるかに見える。しかし神々にしてみれば、神界におけるその「平和」を維持してゆくためには、ヴァル・フォズル（戦死者の父）またはシグ・フォズル（勝利の父）と呼ばれた主神オージンの息子をひたすら「攻撃」し、その「不死身」なバルドルと「格闘」し続けなければならないという皮肉な情況に追い込まれている。この異常事態を終息させる者の出現が待望されていたはずである。こうして、いよいよロキの登場となる。

（6）　皆が「バルドル虐待のゲーム」に打ち興ずるなかで、ひとりロキだけは、この光景を見て「不愉快に思った」とされる。同文を「面白くないと感じた」と訳出してもよい。バルドル殺害があたかもロキの個人的な感情より発したかのような記述だが、死の世界を領有するヘルを娘にもつロキにとって、「不死」なるバルドルは「生と死の循環原理」に違反する者以外の何ものでもない。だから、バルドルが「不死身」であり続けるのを目の当たりにしたロキには「不愉快」きわまりなく、その「虐待ゲーム」とやらに、喜んで加わることはありえないのだ。むしろ、バルドルの「不死」の呪術を打ち破り、「生と死の原理」をこの世に復元する難題がロキに課せられていたはずである。

（7）そこでロキはフェンサルに住むフリッグを訪問するために旅立つのだが、その時に女性の姿に変身している。フェンサルは「沼の館」を意味しており、ここでは神界からかけ離れた一種の辺境の地を含意している。ロキについて、「容貌がとても美しい」と記されており（「ギュルヴィの幻惑」三三）、その事を裏打ちするかのように女性に変身したことを語る神話が残されている。たとえば、ロキは「乳しぼり女の姿に変じて地下で八年暮らした」とされるが、このことで彼を「女々しい」（argr）と言って非難した主神のオージン自身も、サームス島で巫女に変身して魔術を駆使したと伝えられている（「ロキの口論」23—24）。その島名サームスは、古ノルド語 sámskr「（魔術を弄する）ラップ人」と関連している。[10] ソール神のハンマーが巨人スリュムによって盗まれたときにも、それを奪回するために、ソール神は花嫁に、ロキはその偽りの花嫁に随行する侍女の姿にそれぞれ変身している。ソールの女装は宿敵に見破られそうになるが、その度にロキが機転をきかした口実を述べて、雷神の窮地を救っている。最終的にはその女装が効を奏してハンマーの奪回に成功している。したがって男神の女装は、ある難題を解決するための魔術的な意味を有している。[11] ここでもロキの「女装の旅」は、バルドルの不死性を打破するための術策となっている。

（8）　ロキはフリッグに対して「皆がバルドルめがけて射放っておりますが、彼はすこしも負傷しないのです」という現状報告をしている。それを聞かされたフリッグは、「万物の呪的誓約」が効力を発揮し続けていることに少なからず満足したと思われるが、その満足感のなかに一瞬の隙が生じたようだ。「女どうしの会話」の中で、この世でただ一つ「呪誓」を取りつけていない、「若き」宿り木のことを暴露してしまった。しかも、死の宮殿ヴァルホッルの西に生えているその「若き枝」について、フリッグが「例の誓約を求めるにはまだ若い、と私には思えた」という弁明を付け加えたので、明敏なロキには瞬時にしてその謎が解けたに相違ない。宿り木の「若さ」は、まさにバルドルの「若き生命」を象徴している。[12]

（9）　その「若木」を入手すべく、ロキは急行した。「ヴァルホッルの西」というからには大変に難儀な旅だと思われるが、いわばこの第二の旅について、スノッリは詳しい記述を一切省略している。こうして（10）でも、めざす宿り木を手に入れたロキが、神界に立ち帰ったことが記されているだけである。難題解決の糸口を発見したヒーローが迅速な行動に打って出るのは、民話にもよくあるタイプだ。

6 ロキとホズの協同

（11） 神界では例の「会議の席」にて、バルドルを真ん中にして神々が「集団の輪」（mann-hringr）を形成していた。輪形の集団は、閉ざされた空間を構築し、神々にはバルドルひとりに集中攻撃を加える戦士の特性が認められる。その「円い輪」の外側にひとり立っていた者が盲目のホズであった。結論を先取りして言えば、神界のなかの「円環」は、外なる世界の「円環」（世界を取り巻くミズガルズ蛇）と照応している（終章4節）。

（12）「武器を持っていない」というホズの言葉に表徴されるように、彼は盲目のゆえに戦士の仲間入りができず、いわば神界のアウトサイダーの立場に置かれていた。ロキはホズに「他の者どもと同じように、バルドルに敬意を示すのだ」と語りかけ、そのゲームに参加するように奨めている。なるほど確かにロキの言葉にあるように、バルドルを攻撃することは、その「不死性」に対して「敬意（セームズ）を示す」ことにほかならなかった。

（13） ロキは宿り木をホズに手渡し、「この枝で射よ」と命じ、射るべき方向を教え示している。ホズについて「盲目だが、力はめっぽう強い」と記され（「ギュルヴィの幻惑」二八）、その一方で、ロキについては「狡猾（スレーグズ）と呼ばれる知恵（スペキ）において他の誰よりも優る」と述べられている（同三三）。したがって、ここにホズの「力」とロキの「知恵」の協同が成り立ったとみなすことが出来る。

　R・E・カスクが古英詩『ベーオウルフ』における中心テーマとして明示したように、「知恵と力」の特性を兼備していることが古ゲルマンの王や戦士たちの理想像とみなされた(13)。バルドルについて、「最もすぐれ、誰もが彼のことをほめ称えた」と記され、「アース神のなかで最も賢い」と述べられている（「ギュルヴィの幻惑」二二）。先述したように、かれは「知恵と力」を兼ねそなえた理想的な戦士の相貌を秘めている。

　それに対してロキは、「神々にとっての名誉毀損者」または「虚偽と欺瞞の創始者」と呼ばれ、まさに神界における異端児であり、非難と軽蔑のみが向けられ、いかに功を打ち立てても、戦士が勝ちとる「栄誉と称賛」とはおよそ無縁であった。巨人ファールバウティの息子ロキ、ならびに盲目のホズは、いわば神界における除け者として似たもの同志である。端的には、「知恵」と「力」を代表する両者の協働が完全に成り立ったときにはじめて、「知恵と力」の具現者としてのバルドル殺しが実現したと言えるだろう。

　前章で紹介したように、狩猟女神のスカジは、数ある花婿候補のなかから「格段に美しい足」を選び、この者を美男神のバルドルと見誤り、ニョルズと結婚する羽目に陥ったが、最終的には離縁するにいたっている。言いかえると「弓射る」スカジの求愛のターゲットは、依然としてバルドルに向けられていたと想定できる。したがって宿り木を「射る」(スキョータ)というホズの行為は、象徴的な意義を有するだろう。先述したように、「盲目」のホズルは、「冬の闇」を表徴するスカジの神威を担い、まさにかの女神の求愛のキューピッドのごとき役割を演じていることになる。

動詞 skjóta「射る」は、標的をめがけて「弓を射たり、槍を放つ」ほかに、「舟を押して進水させる」、「合図の火(のろし)を点ずる」、あるいは「突然に現れる」などの意味を有する。ここではとくに最後の語義を補足するならば、神々が支配した旧世界が没落(ラグナロク)したのちに、やがて海のなかから再び大地が「浮かびくる」(skjóta)という用例が注目されよう(「ギュルヴィの幻惑」五三)。バスケットボールなどのスポーツ用語で一般化している英語の shoot(シュート)は、この同系語であるが、その他に、大地から草木が「芽を出す」、「急に生長する」という意味がある。

(14) こうして、ロキの教導に従ってホズが宿り木を「射た」とき、「不死身」であったはずのバルドルはあえなく落命している。先にも述べたように、「若き」宿り木は、青年神バルドルの「若き生命」を奪い去ったのである。ロキの発言によれば、バルドルめがけて「射る」ことは、その不死身性に「敬意」（セームズ）を表し、彼の生を祝福することを意味していた。しかし、ホズルの手によって「射られた」若き宿り木が、宙を飛んだとき、一瞬にしてすさまじい生長力を呼び起こされ、バルドル必殺の武器と化したと読める。

言うまでもなく、バルドル殺害には直接、間接にふたりの者が関与している。ロキは「バルドルの計略による殺し屋」（rað-bani Baldrs）と呼ばれ、一方、ホズには「バルドルの殺し屋」（Baldrs bani）、「宿り木を射る者」（skjótandi Mistilteins）という呼び名が与えられ（「詩語法」二〇と二三）、あるいはヴァーリにとっての兄殺しの「下手人」(hand-bani）と呼ばれている（「ヒュンドラの詠歌」29）。

こうして端的には、ロキがバルドルの殺害を企て、それを教唆した者（ラーズ・バニ）であり、ホズは「直接に手を下した者」（ハンド・バニ）として明確に区別されていた。以下では、ロキとホズのそれぞれの役回りを「殺しの教唆者」と「下手人」という名称で表わすことにする。

確かにバルドル殺しは、表面的にはこれら両者の協同によって遂行されたかに見えるのだが、その深層には他のさまざまな要因が隠されている。その深層に分け入ることこそ、神話分析の醍醐味を体験することになるだろう。

(15) バルドルの死は、「神界と人間界にとっての最大の不幸」であったと記されている。確かに「不幸」(óhapp) な出来事には違いないのだが、その原語のオーハップは、直訳すれば、「幸運(ハップ)ではないこと」すなわち「(ふりかかった) 災難」のみならず、「偶然に発生する出来事(ハップ)ではないこと」を意味している。すなわち、後述するように、あらかじめ「運命」(ウルズ) によって起こるべきことが決定されていた、「必然的な惨劇」と解しうる。ちなみにハップ (happ) という言葉は、英語の happy「幸せな」および happen「出来事が起こる」と同系である。

いわゆる「バルドル虐待のゲーム」に神々がみな熱中している真っ最中に、彼らの目前でこの惨劇が発生したのだ。あたかも「輪の集団」をなす神々全体に殺害の責任があるようにも見える。その「娯楽」(スケムトゥン) に打ち興じていた彼らは、まさに突然のゲーム・オーバーを強いられたのだが、神界における「娯楽」または「遊び」の消滅、これもまた「最大の不幸」であるにちがいない。

7　チェスゲームとバルドル虐待のゲーム

「巫女の予言」の語りによれば、天地が創成され、太陽と月が運行を開始してまもない頃に、アースたちは、イザヴォッルという野原に邂逅し、祭壇と神域を築いた。そして「鍛冶場を築き、財宝を鍛え上げ、金鋏《やっとこ》を造り、道具をかずかず仕上げた」という。神々といえども、かかる労働のあとには休息または「気晴らし」が必要だ。そこでつぎのような詩節が続く。

彼らは聖なる草地（トゥーン）にて盤戯に打ち興じた。
—たのしみ熱中した—
彼らにとり、黄金製のものに
不足することはなかった。
おそろしく頑強な
三人の巨人の娘たちが、

ヨトゥンヘイム（巨人の国）から
やって来るまでは。
（「巫女の予言」8）

アースラ・ドロンケの注解によれば、神々のチェス遊びは、「もろもろの出来事を遠隔操作すること」を意味しており、この場合、「天体の運行によって、世界の栄えある運命を維持するための儀礼的なゲーム」であるとされる。古北欧の多くの埋葬地からサイコロとチェス盤や駒が並置されて出土している。この事実に着目したドロンケは、さらにまた、チェスとサイコロ投げについて、「世界の運命的な出来事にひそむ、いわば偶然性の要素を模倣的に再演する」遊戯であるから、相互に連想を惹き起こしたのだろうと推察している。よく言われることだが、西洋チェスと東洋の将棋が同じ起源から発しているとされる。中国の将棋についてドロンケが与えたつぎのような説明はきわめて興味深い。

そのゲームの戦闘的な要素は、卜占より発達したものであろう。中国人は、宇宙に遍満し絶えまなく対立・競合する陰と陽の諸力の間に、均衡が存在することを（ゲームを通じて）確認しようと願うのだ。(14)

思うに、宇宙創成の大事業がなされて間もないとき、アースの神々があえて「聖なる草地」（トゥーン）にてチェス・ゲームに熱中したのは、きたるべき巨人族との闘争の結末について、またはその「運命的な結末」についての占いを執行していることを象徴しているのではないだろうか。最近刊行されたレジス・ボワイエの訳著によれば、トゥーンについて、「囲われた不可侵の牧草地」と定義されている。ヴァイキング時代には、農場の「母屋の入り口前方に広がり、馬、牛、あるいはとくに冬至の祝祭（ヨール）に犠牲として捧げられた豚などの家畜を飼育した」とされる。[15] このトゥーン（tún）がドイツ語 Zaun「囲い、柵」や英語 town「町」（古義は「囲われた村落」）と同系であることはよく知られている。

「黄金製のものに不足することがない」と記された、まさに黄金時代において、神々は盤戯に熱中していた。それに先立ち、彼らは、すでに「祭壇と神域」（七節）を築いていたのであるから、その神聖なる場所にて犠牲祭をも執行したのだろう。しかし、「おそろしく頑強な、三人の巨人の娘たち」が、「不可侵の牧草地」（トゥーン）に侵入してきたとき、原古の楽園時代はまさに終焉を告げることになった、と読める。

さて、運命的に必ず発生するというラグナロクの直前に、神々がこぞってバルドル虐待・攻撃のゲームに熱狂している。この光景が、天地創成の直後に、チェス・ゲームに打ち興じた神々の原風景と相関を成すことは明らかである。バルドルを真ん中にして「神々が囲みなした輪」(マン・フリング)は、チェス・ゲーム場としての「囲われた草地」(トゥーン)に照応している。「巨人」ファールバウティの息子なるロキが「死界」から持ち来たった宿り木をホズに手渡し、彼らが「集団の輪」に加わったとき、その「聖なる囲い」は打ち破られた。異人ロキと「盲目」ゆえに除外者《アウトサイダー》であったホズの協同。(16) それが成った瞬間に、神々のとっての「悲惨事」(オーハップ)が発生したのだ。

8 神々の虚脱感とオージンの「喪失感」

(16) バルドルを喪失したときの神々の虚脱感は、その死の責任が部分的には彼ら自身にも帰せられることに基づいている。バルドルが「不死身」であるかぎりは、続行したと思われる彼らのゲームは、ロキの誘いに乗って盲目のホズが参入したとき、突然、ゲーム・オーバーとなった。しかも、バルドルが殺された現場は、「会議の席」であり、まさにトゥーンと同じように、「不可侵の聖域」(グリザ・スタズ)であったために、殺害の首謀者であるロキと下手人ホズに対して、その場で直ちには復讐できなかった。

（17）父神が胸中に感じた「スカジ」（損害）という言葉は、思うに別のある重大な意味を伝えているように思う。すなわち、少なくとも「スカジ」という心情を抱いたオージンは、神界を見舞ったこの惨劇の背景にまさしく狩猟女神スカジの存在がひそんでいることを看取したのだ。前章で見たように、スカジはバルドルとの結婚を欲していたが、実現しなかった。スカジはオンドゥル・ディース（スキーに乗る女神）と称され、その神名Skaði は語源的に「暗闇」（英語 shade 参照）を意味している。北欧の冬季の「長き闇」と忍び寄る「死の影」を表徴しているとも説かれてきた。[17] そして注目すべきことに、「弓矢を射て獣を狩る」特性があった（「ギュルヴィの幻惑」二三）。したがって、宿り木を「射る」（skjóta）ことによってバルドルを殺した「盲目」のホズは、弓射る狩猟女神スカジの神威を帯びていると解読できる。言いかえるとホズは、求愛のターゲットとしてバルドルに狙いを定めている女神スカジの代理執行者である。

したがって「スカジの来訪とロキの笑劇」の神話は、バルドル殺害神話と緊密な相関関係を有している。そして、イズン掠奪神話がスカジ来訪神話に先行している。これら三つの神話において、神界にて発生した「危機」を巧妙に解消している者がロキであるが、最後のバルドル殺しは、「巨人族の血」をひいたロキにとっての総決算の意義を有するように思えてくる。

9 バルドルの運命

先述したように、「理想的なバルドル」にもまったく欠点が無いわけではない。バルドルに帰属させられた幾つかの特性を改めて吟味しながら、いったいなぜ、彼は殺されねばならなかったのかを問い続けてゆくことにする。

さて、「弁舌に最もすぐれ」たバルドルの特性は、つぎの詩歌の一節にみるように「民会」の席で繰り広げられる弁論すなわち「言葉の秘法」をさし、ひいては最終的な「裁き」を導くための「雄弁」の概念と不可分である。

誰かが憎悪を抱き、
汝に危害を加えることがないようにと、もし望むのならば、
汝は言葉の秘法を知るべきです。
全体の法廷に
人々が寄り集うべき、

かの民会の席において、
それら魔法のことばを編みなし、
それらを織り合わせて、
それらすべてを仕上げてゆくのです。

（「シグルドリーヴァの語り」12）

この詩歌の発言者はシグルドリーヴァ（「勝利へ誘うもの」の意）という名のヴァルキュリャ（死界の乙女）で、勇者シグルズへの助言として語られている。「言葉の秘法」は、「民会」の席にて相手を説得するための「雄弁の才」、また「魔力を秘めた言葉」を指している。これらの「秘法」（ルーン）をよくわきまえておれば、「憎悪」や「殺意」（heipt）を抱く相手から危害を加えられることを避けられる、と歌っている。「民会」においては、数々の「魔法のことば」を巧みに駆使して、いわば言葉を「編みなし、織り合わせて」、見事な手工芸品のように仕上げてゆくのだとされる。

さて、バルドルは「民会」（スィング）の席において殺されている。したがって本来、法廷での裁きに深く関与する「雄弁」の神であったにもかかわらず、バルドルは、何らかの意味でその「言葉の秘法」を誤用するにいたったと言えるだろう。

また、dómr「裁き」という語の用法をエッダ詩の中で点検してみると、「剣の裁き」

(brimis dómr）は「死をまねく攻撃」を表わし、「運命の女神たちの裁き」(Norna dómr)は、「運命によって決定づけられた死」を意味する用語である。◦ まさしく「民会での裁き」に関与していた神バルドルは、皮肉なことに彼自身に対して「死の裁き」が下されたことになる。ちなみに「巫女の予言」にはつぎのように記されている。

私は見た、
オージンの息子バルドルには、
血に染まりゆく神としての
運命が定められてあることを。
野原にはひときわ高く、
か細いが、いと美しく、
宿り木が
生い育っていた。

（「巫女の予言」31）

この詩歌の冒頭にある「私」は、宗教的かつまた詩的な陶酔のなかで、バルドルが何者かによって殺されることを不可避の「運命」として「幻視した」巫女をさしている。この巫女は、その忘我状態のなかで、バルドルの死を招くものが、「か細く」て一見他愛ないようにも見える「宿り木」であることを予見している。「野原」の訳語を与えたvöllrは、エッダ詩の中では常に「戦闘、死、流血」のイメージをともなって用いられている。バルドル殺害神話のより具体的な記述に照らせば、ここでいう「野原」は、死の宮殿ヴァルホッルの西に位置する「戦いの野原」をさしている。

「美しき」宿り木と「美しき」バルドルは、表現の上でも明らかに対応している。該当する形容詞はいずれもfagrである。あたかも、アース神界と死界ヴァルホッルにおける二つの異彩を放つ「美しきもの」が対立しているかのようである。しかも、その宿り木を持ち来たるロキについても、「姿がとても美しい」と記され、同じ形容詞が用いられている。しかし、それに続いて「性格は悪く、行動もすこぶる気まぐれだ」と述べられている(「ギュルヴィの幻惑」三三)。このように、主神の息子バルドルが称賛を一身に集めていたのに対して、巨人ファールバウティの息子とされるロキには軽蔑と悪評がついてまわり、まさに好対照をなしている。アース神界において「美貌・美形」の誉れ高き両者の対立構造はもはや明白だろう。

それにしても、バルドルの美貌について、「ある草花がとても白いと、それがバルドルの睫毛《まつげ》にたとえられるほどだ」というのは、いかにも奇妙な比喩表現である。何か特別な意味が隠されているかにみえる。また、「あらゆる植物のなかで最も白く」云々と記され、まさに「最も白い」植物から、「髪と体において美しき」バルドルの姿を連想するとよいとされる。これも実に謎めいた表現だが、hvítr は「白く光輝を放っている」ことを示す形容詞である。

神界にはもうひとり「白きアース」(hvíti Áss)と称された神がいる。奴隷・農民・王侯のそれぞれの始祖となったヘイムダッル神であるが、彼はヒミンビョルグ(「天の守護」の意)に住み、山巨人たちの攻撃から天界を守る任務を負わされていたので、「神々の見張り番」(ヴォルズ・ゴザ)の名で呼ばれたという(「ギュルヴィの幻惑」二七)。ヘイムダッルが居住した館ヒミンビョルグは「ビヴロストの近く」にあったとされるが、ビヴロストは「天に架かる虹の橋」を神話的に表象したものと解されている[18]。

一方、バルドルの館はブレイザブリクという名前で、「広範囲に光を放つもの」を意味している。「災厄」の侵入をまぬがれており、天にあって、「邪悪・不純なものは、一切その場所に入ることができない」と記されている。「グリームニルの語り」(12―13)では、この光輝の館ブレイザブリクと、ヘイムダッルの館ヒミンビョルグが併記されており、同じ天界に位置する近接した館として捉えられていたことを示している。

世界樹ユッグドラシルについて、その枝は「全世界に広がり、天の上に突き出ている」

とされ、三つの根はアースの神々、霜巨人、ニヴルヘイム（死界）のそれぞれの領域に伸びていると記された後に、「そのトネリコの第三の根は天（ヒミン）にある」という矛盾めいた記録が付されている（「ギュルヴィの幻惑」一五）。この矛盾を解消する唯一の方法は、おそらく地上のアースガルズを鏡に映し出したかのように天界に布置する世界観を思い描く以外にないだろう。

世界樹が天界に伸びひろがった第三の根の下に、ウルズ（運命）の泉があって、そこで神々は「裁きを下す」ために「毎日、馬に乗ってビヴロストの橋を渡ってゆく」とされる。この語りに基づけば、神々はアースガルズと天域を毎日のように来往を繰り返す、という神話的な原風景を思い描くことができる。(19) そしてトネリコの世界樹の近くに定め置かれた、日々寄り集う「裁きの座」は、神々の「主殿」（ホヴズ・スタズ）または「聖域」（ヘルギ・スタズ）と称されたという（「ギュルヴィの幻惑」一五）。

さて、バルドルは元来、「裁き」（dómr）の座に来臨する神であった。しかし、なぜか、神々が結集する神聖なる「会議の場」（スィング）で殺されている。

バルドルは宿り木を射られて死んでしまうのだが、本来かれが務めるべき役割りは、「白き神」ヘイムダッルが部分的に代行しているのだと思う。ちなみに神界の守護者なるヘイムダッルは、ヒミンス・エンディにその持ち場があった。この用語は「天の果て」と訳すよりは、文字通り「天の尽きるところ」、すなわち「天上界から見て大地に最も近いところ」と解すべきだろう。部分的にヘイムダッルの姿に投影されたバルドルは、したがって天と大地の「境域」を守護すべき戦士の役割りを担っていたと考えられる。[20]

神々の宿敵としての巨人族は、ウートガルズ「外つ国」に住まわされ、いわば海の彼方から迫り来る脅威とみなされていた。しかし、「霜巨人と山巨人たちは、ビヴロストを渡りたい者がみな渡るようになれば、天域にも昇って来るだろう」(「ギュルヴィの幻惑」一五)という記述にしたがえば、垂直方向の脅威も潜在していたと考えられる。アースの神々にしてみれば、そのような「邪悪な徒」の襲来を阻み、「破滅・災い」あるいは「穢れ・邪」の闖入を未然に防ぎつつ、聳え立つものがバルドルの「光輝の館」ブレイザブリクであったといえよう。

理念的な見方を推し進めると、ブレイザブリクの中にいる限りは、バルドルは安泰であったはずである。だが、ロキとホズの協同によって最終的には殺されている。しかも「そこは極めて神聖な場所だったので、誰も復讐はできなかった」と記され、まさしく神聖かつ不可侵の「神々の会議」の席にて殺されているのだ。確かに、その悲惨事を招いた張本人はロキとホズであるには違いないのだが、会議に集う神々の「集団の輪」のまさに「内側」にもその根本原因が存在していたのではないか?

10　イズン掠奪神話とバルドル殺害神話の類似

項目(4)で述べたように、母神の呪術のおかげで「不死身」となったバルドルは、神々のいかなる攻撃にも耐えて、永遠に「生き続ける」ことになった。すなわちバルドルは、母神の介入によって、「生と死の循環原理」を打ち破る危険な存在と化した。そこで登場してくるのが、「ラウフェイの息子」ロキだ。その母ラウフェイは「葉っぱの島」の意味だが、具体的な神話は何も残っておらず、特性が不明である。その名前からして、最高神のオージンの妻神フリッグとは対照的に、ラウフェイは低い地位に置かれていたようである。オージンの母ベストラについても、巨人族の出身であるという以外には、詳しいことは分かっていない。ベストラの名が「樹皮」を意味するという通説に従えば、ラウフェイの名を介して、オージンとロキが共通項で結ばれてくる。ロキは巨人ファールバウティの息子とされ、オージンと「互いの血を混ぜ合わせた」血盟の兄弟であり(「ロキの口論」9)、「ロフト(ロキの別名)の友」という呼び名がオージンをさすことからしても、両者の親密な関係については疑いがない。

愛する息子を不死にさせようとする母神の類話は、最も有名なものとしてはギリシアのアキレウス伝説に認められる。その母なる海の女神テティスは、アキレウスが幼少の時に、冥府の河ステュクスに浸し、あらゆる負傷にも耐えうる強靭な肉体と化すことを念願したのだが、彼女が手で支え持っていた赤子の踵《かかと》のみがその水に浸されることがなく、唯一の致命的な弱点として残ったとされる。こうしてトロイア戦役においてめざましい功業を立てたアキレウスだったが、トロイアの王子パリスによって、その急所に弓矢を射られて落命したと伝えられる。(21)

アキレウスに次ぐ闘将と歌われた、テラモーンの息子アイアースについても不死伝説が残されている。ヘラクレスが盟友テラモーンを訪れたとき、獅子の皮を敷いて強靭な肉体に恵まれた息子がテラモーンに生まれることを祈願したところ、父神ゼウスはその願いを聞き届けたしるしとして鷲を送ったという。アイアースの名はこの神の鳥なる「鷲」(アイエトス)にちなんで名づけられた。彼は不死身であったために、最期にはトロイア人によって土の中に生き埋めにされたとか、みずからの行為を恥じて自害したとも伝えられている。(22)

同じように、中世ドイツの『ニーベルンゲンの歌』に記された英雄ジークフリートも、竜の血を全身に浴びて不死身となったが、そのとき、「両肩の骨の間に一枚の菩提樹の葉っぱが落ち」、その場所だけが急所となったという（十五章九〇二歌）。そして最期には、裏切り者のハゲネによって、背後から槍でその場所を刺し貫かれて殺されている（十六章九八一歌）[23]。

とくにアキレウスとジークフリートの話においては、「不死身」と見えた勇者が唯一の弱点を狙われて殺されるところが共通している。その意味では同じように、母神フリッグの万物の呪的誓約をまぬがれた唯一の「若き宿り木」がバルドルの死を招いている。しかし従来の通説では、バルドル殺害を教唆したロキを悪しき者とみなしてきたが、異議を唱えざるをえない。むしろロキの立場になって物事を考えた方が、この神話の深層に分け入ることが容易となるだろう。

神界においてバルドルひとりが不死身になったということは、すなわち「溢れすぎた生」がその存在の一点に集中していることを物語っている。この意味では、若返りの女神イズンを掠奪し、その「永遠の若さ」を独占した巨人のスィヤチとバルドルは本質的に何ら変わらないと言えよう。このとき、神界では「若さと生の欠如」という緊急事態が発生したのだが、イズンを見事に奪回し、生と死の循環原理を復元した者がロキであった。同じように、神界における「生の突出」という危機的な状況を打ち破るべく、ロキによるバルドル殺しが成就されたとみなしうる。言い換えると、スィヤチの娘スカジがバルドルとの結

婚を望んだというのも、そこに殺された父の面影を認めたからであろう。(24)

さて、ロキは冥府の女神ヘルの父であった。死せるバルドルの行く先がヘルの館であり、あたかもその訪れを待ち望んでいるかのように、ヘルにおいて、「輝く酒」なる蜜酒が用意してあったという（「バルドルの夢」7）。「輝く酒」と訳出した「酒」には、あの掠奪された花嫁グッルヴェイグの章で詳しく論じた、ヴェイグ（veig）の語が用いられている。この事は、まもなく冥府へ降りてくるバルドルとヘルとの間に婚礼の宴がはられることを示唆している。ちなみにハニームーン（蜜月）という言葉は、月が盈虚《みちかけ》をひと通り終えるまで、一種の固めの杯として新婚の男女が蜜酒を飲み交わした古代の慣習に基づいている。(25) その古き時代においては、しばしば親族の許諾を得ずに娘を奪い去る、掠奪婚の慣行が存したことも忘れてはならない。

こうしてバルドルは、ロキの姦計によって死界に送り込まれ、あたかもヘルの花婿とさせられたかにみえる。皮肉めいたことに、娘を奪い去る通常の掠奪婚とは逆の体裁になっているが、この神話は、大地の女神デメテルの娘ペルセポネに恋したハーデスが、冥府に彼女を連れ去ったギリシア神話を想起させる。前章で扱ったように、悲嘆に暮れたデメテルを慰撫するための所作として「女性器露呈」のモチーフが認められた。そして北欧では、父を殺された狩猟女神スカジを「笑わせる」ために、ロキがファロス露呈の綱引きを演じていた。そのロキが、一方では巧妙に宿り木の秘密をフリッグから聞き出し、「不死」なるバルドルの死を招き寄せている。ちょうどデメテルの大いなる嘆きが、冥府から娘を周期的（一年の三分の二）に奪い返すことに成功したように、母神フリッグも、バルドルを冥府から連れ戻すための使者を派遣している。これらの神話の背景には、「死と再生」にまつわる共通した母神崇拝が渦巻いているにちがいない。(26)

11　万物の嘆き

古北欧の死生観によれば、勇敢に戦って死を遂げた者は、誉れ高き戦死者の宮殿ヴァルホッルに迎え入れられ、乙女たちの歓待を受けるとされた。また溺死した者は海の女神ラーンのもとへ赴くが、病死者や寿命が尽きて死んだ者は、地下の死女神ヘルが領有する冥府にくだると考えられていたようである。義人はすべてギムレーに行き、その館にて永遠の至福を授かるとされる。

かの女（巫女）は見る、

太陽よりもうるわしく
黄金に葺かれた館が
ギムレーに建てるを。
そこには真正なる
戦士たちが住まい
とこしえに至福を
享受するのだ。

（「巫女の予言」64）

南方には「天」（ヒミン）の上に、第二、第三の天界があり、ギムレーはそれらを超え出た至上天に位置し、「光の妖精たち」が住むとされる。ラグナロクのとき、スルトが炎の剣をもって世界を焼き尽くし、「天」（ヒミン）と「地」（ヨルズ）が滅び去っても、このギムレーは不滅だと記されている（「ギュルヴィの幻惑」一七）。ギムレーという名は「火の襲撃から守られたところ」を意味し、「すぐれて勇敢にして信義あつき人たち」のみが選ばれて赴くあの世での楽園を表象している。(27) それに対して「邪悪な輩《やから》」は、「ヘルに行き、さらに奥なる地下の第九の領域ニヴルヘルにくだる」と記されている（「ギュルヴィの幻惑」三）。

ところが、「知恵と力」を兼備した理想的な戦士で、神界においても「優れた者」（イン・ゴージ）として称賛が集中していたはずのバルドルは、ギムレーではなく、ヘルの世界に下らされている。病死でもなければ、寿命が尽きたわけでもなく、邪悪な性格がほとんど見えないにもかかわらず、なぜ、バルドルは冥府女神ヘルのもとへ送り込まれたのだろうか？

先述したように、バルドルの死の直後、神々は無気力に陥り、父神オージンもその喪失が神界全体の危機をまねくことを「鋭く察知していた」のだが、具体的な行動には出ていない。バルドルを冥府ヘルから連れ戻すための対策を直ちに講じたのは、またしても母神フリッグであった。つぎのような神話が残されている。

（1）神々が我に返ったとき、フリッグが言った。「だれかアースたちの中に、私の寵愛と好意をすべて受け取り、ヘルへの路を馬を走らせようと思う者はいないかね。そこでバルドルを探してみて、ヘルがバルドルをアースガルズに返還してくれるように身代金を提示してみようという者は、だれかいないかね」、と彼女は尋ねた。

（2）その旅を引き受けようと名乗り出たのは、オージンの子（または従者）で、〈俊足果敢な〉ヘルモーズという者だった。そこでオージンの馬スレイプニルが引き出されると、ヘルモーズはその馬にまたがり、走り去った。

（3）さて、ヘルモーズは暗くて深い谷間を九日間、馬を走らせた。やがてギョッル川に出て、その橋の見張り番をしているモーズグズという名の娘に、ヘルへの路を尋ねた。娘は答えた。「ヘルへの路は、下りで北に向かっている」と。

（4）こうしてさらに馬を進めたヘルモーズは、ヘルの垣根（または戸口）にたどりついた。そこで馬に拍車を入れると、馬は垣根を力強く飛びこえた。それからヘルモーズは館まで進み、馬から降りると、その館の中に入った。するとそこに兄弟のバルドルが「高座」（オンドゥギ）に座っているのが見えた。ヘルモーズは一晩をそこで明かした。

（5）翌朝、ヘルモーズはヘルに、バルドルを自分とともに帰らせてくれるように、と懇願した。アースたちの間でいかに悲嘆が大きいかを語った。

（6）そこでヘルは答えた。バルドルが言われている通りに誰からも好かれているか、試してみる必要がありそうだと。

「もし世界中のすべてが、死せるものも生きているものも、彼のために嘆き悲しむというのであれば、彼をアースのもとへ返してやろう。しかし、もし誰かが嘆くことに反対したり、これを拒めば、ヘルのところに抑留させられるのですよ」。

（7）そこでヘルモーズが立ち上がると、バルドルがその館から外へ案内してくれた。そしてドラゥプニルの腕輪を取り出して、「数々の思い出」（ミニャル）の品としてオージンに送り、ナンナ（バルドルの妻）は亜麻布の衣服とその他をフリッグへの贈物に、またフッラ（フリッグの侍女）には黄金の指輪を贈るように託した。こうしてヘルモーズは馬に乗って路を引き返し、アースガルズに到着し、自分が見たり聞いたりしたことを余さず語った。

（8）このことに従って、アースたちは世界中に使者を派遣し、ヘルからバルドルを連れ戻すために嘆くように要請した。そこで人間どもと生き物たちも、大地も石ころも樹木も、またあらゆる金属も、すべてのものたちがそのようにした。

（9）使者たちが戻ってきて、任務をとどこおりなく遂行したとき、彼らは、とある洞窟にたたずむ女巨人に出会った。彼女はソック（「感謝」または「喜悦」の意）という名だった。彼らは、ヘルから奪回すべくバルドルのために、彼女に嘆いてくれるように求めた。すると彼女は答えた。

ソックが流すのは

乾いた涙だけ、
バルドルを弔う焚焼については。
カルル（老いたる渡し守オージン）の息子が
生きていようが、死んでいようが、
私には益なきこと。
ヘルよ、持てる者を手放すな。

人々が推量するところによれば、この者はアースたちのところで悪行を重ねてきたラウフェイの息子ロキだという。

（「ギュルヴィの幻惑」四九の抄訳）

項目（1）に記したように、フリッグは愛息を冥府から連れ戻すための使者を募っているが、そのときに約束した報酬は女神自身のすべての「寵愛と好意」であった。「寵愛」の訳語を与えた原語アースティルは複数形であり、「男女間の性愛」を意味しうる。まさに性において放埒《ほうらつ》な地母神としての本性をうかがわせる言葉である。たとえば、フリッグは「いつも欲情に駆られて」、オージンの兄弟ヴェーとヴィリと寝たことがある、と非難された詩歌がある（「ロキの口論」26）。性愛の女神としてのフリッグに関するその他の記事については、第三章4節を参照されたい[28]。

ともかくも、この女神の切なる要請をうけたヘルモーズが、オージンの神馬を借りて冥府へ旅立っている。項目（3）に出てくるギョッル川について、「ヘルの境域の近くに位置している」と記されている（「ギュルヴィの幻惑」四）。ギリシアの冥府を流れるアケローン川や仏教でいう三途の川のイメージを連想させる。ちょうどギリシアでは、冥府との境域をなす川に渡し守のカローンがいるのと対照的に、北欧の場合にはモーズグズ（「激闘」の意）という名の娘が「橋の見張り番」を務めている。ただし、モーズグズはこの箇所にしか表われていないので、「軍勢の闘争心」を意味するヘルモーズの名称に基づき、神話作者スノッリが創出した名であろうと説かれている[29]。

むしろ、長い髭を生やした老人カローンによく似た特徴が認められるのは、ハールバルズ「灰色髭」と名乗って「渡し守」（フェリュ・カルル）を務めたというオージンであろう。東方の遠征から帰還したソール神が、川をはさんで、このハールバルズと言い争う詩歌が残されている（「ハールバルズの詠歌」）。この詩歌では川の名が記されていないが、文脈から判断して、東方の巨人の国とソールが帰るべきアースガルズを分け隔てる境界をなす川とみなすことができる。

さて、印欧神話学者ブルース・リンカーンは、「渡し守」の職分を表わすフェリュ・カルルの名称に着目し、カルル（karl）が語源的に「老人」を意味し、巨人ヒュミルについても同様に「カルル」と呼ばれ、「髭を生やした者」として記述されていることを指摘した。ヒュミルについては、槌をふるうソール神とともに、世界を取り巻く「海の真ん中」にまで舟を漕ぎ進めて、ソールがミズガルズ蛇を釣り上げるところを目撃したという有名な神話がある（「ギュルヴィの幻惑」四八）。そこでB・リンカーンは、「灰白色の髭を生やした老人」という姿は印欧祖語の神話にさかのぼる、「死者の渡し守」の典型的な表象であろうと推定をくだしたのである。[30]

この説の当否はさておき、カルルという名がふたつの異なる世界をつなぐ「老いたる渡し守」を意味していることは疑いがない。きわめて注目すべきことに、右の項目（9）において、バルドルの死を嘆くことを拒否した女巨人ソックは、その歌のなかで、バルドルのことを「カルル（老いたる渡し守）の息子」と呼んでいる。カルルは、まさに八本足の馬に乗ってこの世とあの世を往来する死霊神オージンをさしている。したがってソックの歌にある、「生きていようが、死んでいようが」という台詞は、バルドルが置かれた状況をさすばかりではなく、しばしば異界の渡し守を務めるオージンの職分を皮肉っている、と読めるだろう。

さて、ヘルに至る路は「下りで北に向かっている」というモーズグズの教示に従い、ヘルモーズ（「軍勢の闘争心」の意）は、オージンから借りた馬を果敢に飛ばして、冥府に潜入している。まさしく彼はここで、ヘリャン「軍勢の統率者」あるいはヘリャフォズル「軍勢の父」の異名をもつオージンになり変っているのだ。

語りの項目（4）でみるように、バルドルを復活させるための使者として派遣されたヘルモーズは、ヘルの館の「高座」または「誉れの席」（オンドゥギ）にバルドルが座している姿を認めている。この話は、前節でも触れたように、バルドルが地下世界で「輝く酒（ヴェイグ）」なる蜜酒による歓待を受け、優遇されていたことを示している。いわばロキは、ヘルに捧げる花婿としてバルドルを冥府に送りこんだと解釈できる。

最後に付記された文章を直截によめば、バルドルの死を嘆くことを拒んだ唯一の者の正体がロキであるというのは、人々の「推量」または「憶測」にすぎず、その真偽のほどは定かではない。しかしながら、女巨人ソックの名が「感謝」、「喜悦」あるいは「報酬」を意味することを注視すれば、いわゆる神界の貴公子なるバルドルを冥府の住人として「感謝」しつつ受け取り、この者を拘束しうることを最も喜ぶのは、「花嫁」としてのヘル自身である可能性が高い。

いずれにせよ、ヘルがバルドル返還の条件として提示した「万物の悲嘆」、「落涙・哀悼」

（グラータ）は、このソックひとりの拒絶によって、ひとたびは失敗に終った。否、まだこの段階では、万物の嘆きの儀礼が失敗することが宿命づけられていたようである。というのは、来たるべきラグナロクにおいて、神々も巨人族も、魔物たちもことごとく滅び去る後に、バルドルは自分を殺した「下手人」のホズとともにこの世に復活してくる、と語られているからである（「巫女の予言」62）。

繰り返すと、バルドル殺害は「神々の輪」の真ん中で発生した。その死はバルドル虐待ゲームに参集した全員の責任であるだろうが、もし仮に彼らが責任を免れるのであれば、最後にゲームに加わったホズとその教唆者ロキも、外見上は、バルドルの不死性に「敬意」（セームズ）を示そうとしたかぎりにおいて、免責されるべきだろう。巧妙に仕組まれたこの完全犯罪が、ひいては世界の没落と、豊饒なる生を招き寄せている。フォルケ・ストレムの説を敷衍するならば、バルドルの死と再生は、いわば生と死のリズムがこの世で永遠に具現されてゆくことを念じて、繰り返し演じられていた「祭祀劇」（クルト・ドラーマ）であったと言えよう。[31]

註

(1) 第三章(25) Fisher & Davidson, I, 65-75.
(2) 菅原邦城「スノッリとサクソにみるバルドル神話」『IDUN』6号(一九八二)三―二二。
(3) サクソ伝承には確かに「ロキの介在」はないが、ロキ的な存在者が三人の登場人物(ホテルス、ゲヴァルス、ミミングス)に分有されていると論じた拙論参照。水野知昭「バルドル殺害者ロキの三態」『日本アイスランド研究会会報』5号(一九八六)一―一七。
(4) 水野知昭「神々の犠牲者としてのバルドル―『北欧マレビト考』への序章―」『日本大学工学部紀要』分類B第27巻(一九八六)九七―一二二。特に九九―一〇〇。
(5) 水野知昭「古北欧の双生神フレイとバルドル―鹿・髪・枝・剣の視点―」篠田知和基(編)『ユーラシア神話の比較―神話と文学』(名古屋大学文学研究科、二〇〇一)四八―六七。likn「慰め、慈悲、救助」の解釈は五九。
(6) 序(13) de Vries, II, 215.
(7) 第一章(5) Kaske.
(8) 第三章(31) 水野、三一。
(9) 第四章(18) 水野、二九―三一。
(10) 第一章(2) Dronke, 362.
(11) 第四章(18) 水野、三八―三九。Mizuno, 70-78. 男神や戦士の「女装」についての卑見参照。
(12) 本章(5) 水野、五三―五四。「若き」宿り木の謎について。

(13) 第一章(5)Kaske.

(14) 第一章(2)Dronke, 120-21. ただし、ヨーロッパの他の地域に先駆けて、ヴァイキングによるアラビア侵攻によってチェスゲームが北欧に伝来したのは、九―十世紀頃とされる。ジャクリーヌ・シンプソン『ヴァイキングの世界』早野勝巳(訳)(東京書籍、一九七二)二一九―二一。

(15) レジス・ボワイエ『ヴァイキングの暮らしと文化』熊野聰(監修)・持田智子(訳)(白水社、二〇〇一)八一。

(16) 本章(3)水野、四―六。

(17) 第三章(11)Turville-Petre, 164.

(18) 第二章(13)Simek, 37.

(19) 第三章(31)水野、二八―三九。「馬に乗る神々」の象徴的な意味を考察した。

(20) 本章(5)水野、六〇―六一。「神界を守護する戦士」としての双生神バルドルとフレイを考究。

(21) 第4章(18)水野、三一。

(22) 高津春繁『ギリシア・ローマ神話辞典』(岩波書店、一九六〇)一一二。

(23) 相良守峯(訳)『ニーベルンゲンの歌』前編(岩波書店、一九七五)二六七。

(24) 第四章(18)水野、三九。

(25) 第三章(29)水野、二八―二九。

(26) 第三章(29)水野、四三―四五。

(27) 第二章(3)水野、三三四―三六。

(28) 第三章 (12) 水野、一〇七—一〇九。
(29) 第二章 (13) Simek, 220.
(30) Bruce Lincoln, *Death, War, and Sacrifice: Studies in Ideology and Practice* (U of Chicago P, 1991) 65.
(31) 第四章 (12) Ström, 96-102.

第七章　王の犠牲と豊饒

1　王殺しの伝説

「ユングリンガ・サガ」一五章によれば、スウェーデンのドーマルディ王の治世中に飢饉が蔓延したという。そこで人々はウプサーラにおいて大供犠祭を挙行した。その年の秋に数頭の牛を犠牲にしたが、いっこうに事態は好転しなかった。翌年の秋には何名かの人間を犠牲にしたが、事態はむしろ悪化した。三年めの秋、犠牲の時節の到来ということで人々は大挙してウプサーラにやって来た。首長たちは会合を開き、飢饉は自分たちの王ドーマルディに責任があり、「豊年を招くにはかれを血祭りに上げる（blóta）べきだ」ということで一致をみた。すなわち「かれらは王を襲撃して殺し、祭壇をかれの血で赤く染めるべし」という決議を下し、それを実行に移したというのである。(1)

この伝承の後に〈フヴィン出身の〉スィヨーゾールヴの詩歌が引用されており、その中にもスウェーデンの民がドーマルディ王を殺したのは、「豊作を乞い願って」（アールギョルン）のことだったと明記されている。

以前につぎのような事が起きた。
刃持てる者どもが
大地を赤く染めた、
自分たちの王の血で。
土地の主たちは
ドーマルディの
命を奪い
血糊のついた武器を携えていた。
それも豊年を願うあまりに
スヴィーアの民が
ジュート族の敵なる人（ドーマルディ）を
殺すべしとした時のこと。

（「ユングリンガ・サガ」一五）

すなわち動物と通常の人間の犠牲によっては悪しき状況を打開することができず、最終的には彼らの統治者なる王を犠牲に処することによって豊饒を招き寄せようとしたことが読み取れる。ドーマルディの亡き後は、その息子のドーマッルが王位に就任し、かれが統治している間は「豊饒と平和」に満ちた時代であったという。したがってこの意味において、王の犠牲によって人々は飢餓の時代をのり越えたことになる。

右の詩歌の最終行におかれた動詞 sóa「殺す」について、ラーシュ・リョンロートは sá「(作物の)種子をまく」の地口であると解し、「王の肉体が豊饒を招くための種子ような使われ方をしたことを示唆している」と述べている。[2] しかし、ここではむしろ「王の血で祭壇を赤く染める(rjóða)」ことに主眼が置かれており、その肉体がたとえば解体されて、大地に種子のようにばら蒔かれたとは想像しにくい。この詩歌にも詠まれているように、王の血が大地に滴り落ちることから豊饒が招き寄せられるという古代信仰があったようである。

『ヘイムスクリングラ』の「ハーコン善王のサガ」一四章を参照されたい。そこでは異教の犠牲祭に執心するシグルズ侯のエピソードが記されている。場所はノルウェーの北、トロンヘイム、犠牲祭の時節の到来ともなれば、農民たちが食物をもって異教の神殿に集まって来る。この祝宴(ヴェイスラ)においては参加者全員がエール酒を飲んだとされる。

馬を含めたいろいろな家畜が犠牲に処せられ、血は「供犠の血」（フロイト）、また血を撒く小枝は「供犠の枝」（フロイト・テイン）と呼ばれた。その小枝を用いて、偶像の台座や神殿の壁の内側と外側など、いたるところに血を撒き、また塗りたくると記されている[3]。先のドーマルディの場合も、「祭壇をその血で赤く染めるべき」とあるからには、同じような儀礼に則っていたのだろう。

「ハーコン善王のサガ」の記述によれば、犠牲獣の肉を煮て、宴会の食物として供された。神殿の真ん中にいくつも火が燃えており、その上に鍋がかかっている。そして犠牲用の容器が火のまわりに運ばれ来たると、宴会をとりしきる首長が犠牲獣の肉と酒杯にかけて、つぎのような手順で祝杯をあげるという。

まず最初にオージンに祝杯を捧げた。それは王のために勝利と権勢を祈願して飲むべきものであった。つぎに豊作と平和を祈願してニョルズとフレイに祝杯をあげた。それから多くの者たちは王のために乾杯する慣わしであった。人々はまた亡き親族を偲び乾杯したが、それは追悼礼と呼ばれた。

（「ハーコン善王のサガ」一四[4]）

「追悼礼」(minni)ということばから推せば、この犠牲祭は同時に祖霊祭の意味を有していたとみなしうる。ここで「豊作と平和」を祈願するためにニョルズとフレイに対する祝杯をあげたというのであるから、先のドーマルディの血で染めた祭壇は、このいずれかの神をまつる聖廟であったと考えられる。「ユングリンガ・サガ」(九—一〇)によれば、ニョルズおよびフレイが統治した、いずれの時代においても豊饒と平和に満ちていたとされる。ただしウプサーラに大神殿を築き、そこを中心地または都と定め、「フロージの平和」(Fróðafriðr)と称賛されるほどの善政を施いたのはフレイであったという。[5] したがって、そのユングヴィ・フレイの末裔に連なるドーマルディの神聖なる血は、おそらくフレイ神の祭壇に散り撒かれ、または塗られたと推定しうる。

さて、かの高名なJ・フレイザーは、『金枝篇』において「神聖な王の弑殺」という章を設けている。それによると、王の力に「衰弱の兆候が現れはじめる」と、この「神人を弑殺」して、「襲って来る衰頽によって魂がひどく害われぬ前に、それを活発な後継者に転移しなければならない」と説かれている。[6]

たとえば、カンボジアの火と水を司る王は、「自然死をとげることが許されない」とされ、重病で回復不可能な場合には、「長老たちが彼を刺し殺す」という。その他、アフリカのシルック族などの間では、王は「受肉した神」とされ、人間、家畜および穀物の安寧の存否は絶対的に王に依存しているとみなされた。そのため不健康や力に衰弱の兆候が認められるや否や、神的な王を弑殺するのであるが、そうした慣習は、「王に対する彼らの深甚の尊崇」と、「王を活かしている神的な霊を保持しようする配慮」から発しているとされる。フレイザーによれば、逆説的に聞こえるが、王の弑殺の慣習こそ、「王に対して抱く深い尊崇」をあらわす「最上の証拠」とされる。(7)

この図式をドーマルディ王の殺害に当てはめることが出来るかもしれない。すなわち飢饉が続いたとき、人々の目には豊饒を司るべき王の力が衰頽したと見えた。そこで尊崇の念をこめながらも、この神聖なる王を殺すことによって、次代の若き後継者ドーマッルに神的な霊を転移したのである。そして王位を継承したドーマッルの治世中は「豊作と平和」が長く続いたという記録は、先王ドーマルディの犠牲が功を奏したことを物語っている。

2　王の事故死

『ヘイムスクリングラ』の「黒髪のハールヴダンのサガ」八―九章によると、王が宴会からの帰路、事故死をとげたとき、その死体を四つに分けてそれぞれの地域に分割埋葬したという。その粗筋を追ってみよう。

　ハールヴダン王がハザランド地方の冬至祭（jólaveizla）に招かれる。その夕べに不思議なことが起こる。多くの人々が参列していたのだが、彼らが食卓についた頃にはすべての食物やエール酒が無くなっていた。思いあぐねる王をよそに、他のすべての客人は家に帰ってしまう。ことの原因を問いただすうちに王は、隠し事の巧みな一人のラップ人（フィン人と呼ばれる）を捕らえさせ、真実を告白させようとする。王はこの者を責め立てるが、いっこうに埒《らち》があかない。そのラップ人は王の息子ハラルドに助けを求め、ハラルドは父王に慈悲を乞うが聞き入れてもらえない。そこでハラルドは王の怒りを買うことも顧みず、ラップ人を逃がしてやり、みずからも同行する。彼らはある首長の屋敷に行くと、折しも豪勢な祝宴（ヴェイスラ）が張られており、歓待を受ける。彼らが春まで滞在したある日のこと、例の首長（ラップ人と同一視される）がハラルドに言う。

「あなたの父君は大変に無礼にも、この冬に私が食物を奪ったかのようにお考えですが、あなたへのご褒美として耳寄りな話をして差しあげましょう。父君は今にお亡くなりになりますから、あなたは故国へお帰りなさい。そうすれば父君の王国とノルウェー全土もそっくりあなたのものとなるのです」。

さて、〈黒髪の〉ハールヴダンがハザランドでの祝宴（veizla）を終えて馬に乗り、ロンド湖にさしかかったときのことだ。時は春で、日の光もおだやかだった。リュキンの入り江を進んでいたのだが、そこは冬に人々が牛に水を飲ませた場所で、氷の上に牛の糞が落ちていた。日差しが暖かく、そこの氷が溶けていた。王がその場所に馬を飛ばして来たために、氷が割れ、ハールヴダンは多くの家臣ともども死んでしまった。

王は享年四〇歳だった。その治世中は、あらゆる王のなかでも豊作に最も恵まれていたという。王の逝去の報を受けて人々は動揺した。埋葬するためにその遺体がフリンガリーキへ運ばれたことを知らされると、ラウマリーキ、ヴェストフォルド、およびヘイズモルクから有力者たちがやって来て、一様に懇願した。すなわち王の遺体をもらい受け、自分たちの土地に埋葬したいと。というのも、王の遺体を得られた者には豊年が約束される、と彼らは考えたからである。そこで合議によって、王の体を四つの地方に分散することに決まった。その頭部はフリンガリーキの墳丘に、他のそれぞれが王の体の一部を自分たちの敷地へ運び埋葬した。そしてどれも皆、「ハールヴダンの墳丘」と呼ばれている。

（「黒髪のハールヴダンのサガ」八—九）(8)

こうして〈黒髪の〉ハールヴダンの没後、予言通りにハラルド（後のハラルド美髪王）が王国の支配権を継承したとされる。二種の「祝宴」（ヴェイスラ）についての記述が対照的なことに気づかされるだろう。ひとつは（a）ハールヴダン王を最高位の賓客とするもの、もうひとつは（b）王子ハラルドとラップ人を来客とするものである。ただし（b）では、ある段階から、客人であったはずのラップ人が魔術的に主人に変貌をとげている。

[1]（a）は冬至祭であって、王はおそらく招待を受けて、その場に参席している。これに対して（b）では、ラップ人の逃避行に随行した王子が、偶々開催されていた祝宴に突然の来訪者として入り込んでいる。

[2]（a）の祝宴においては食物やエール酒が食卓から消え失せ、客人款待が不可能になるという不測の事態を惹き起こしている。（b）ではこれとは対照的に、おそらく豪勢な御馳走をもって款待を受けたと思われる。

[3]（a）では祝宴の主人が登場していないのに対して、（b）では祝宴の主人である首長が、いつの間にか来訪者であるはずのラップ人と同一視されている。

[4]（a）の祝宴では、多くの客人が帰ってしまう寂しい宴となり、いわば冬至祭の

儀礼を失敗したまま春を迎え、神聖なる客人であったはずの王が、その帰路において事故死をとげている。（b）では、冬の宴会の後も客人ハラルドは春先まで滞在し、首長たる主人から予言を受け、帰国を促されるが、それは新王として即位するための晴れがましい旅となる。

ハールヴダンが悲劇的な死をとげた要因を探ると、冬至祭において、別の客人であったラップ人を虐待したところにあるだろう。これに対してハラルドはその客人を助けようとして父王に諫言するが、聞き入れてもらえないとなると、この者を解放する手助けをしている。すなわち、客人の虐待と厚遇という相反する態度が、ハールヴダンとハラルドの運命を左右している。

すでに別稿をもうけて論じたように、「グリームニルの語り」にも類似したテーマがひそんでいた。正体不明の客人グリームニル（「客人款待の原則」を司る神オージンの変身した姿）を虐待したゲイルロズ王は、誤って自分の剣に刺し貫かれて死に、これとは逆に、その客人に同情を寄せ、たった一杯の角杯を差し出して厚遇の態度を見せた王子のアグナルが、父王の亡きあとに王位を継承している。(9)

熊野聰が説いているように、ヴェイスラと称する祝宴には家畜の屠殺が含まれており、犠牲の肉を祝宴すなわち祭祀の参加者が共同で食べるところに意義がある。[10] ちなみに手元の辞書には、veizla について、つぎのような定義が与えられている。

法的用語：北欧の王もしくは王の土地を管理する豪族を、歓迎、款待すること。というのは、古き時代において、王は自分の王国をかわるがわる定期的に巡行することを慣わしとしていたからである。[11]

ハールヴダン王はしたがって、古来の慣習に則って、領有する一国ハザランドを訪れ、供犠と祭祀をともなった「ヴェイスラ」に参加したことになる。しかし犠牲獣を一同で会食し、エール酒を飲み交わすという、肝心かなめの儀式を執行することが出来なかった。その理由は文脈を見るかぎりは不確かである。だが、例のラップ人が、祝宴（b）において「主人と客人」の両方の役を演じ、しかもハールヴダンの死とハラルドの王位継承を予言していることからすれば、客人款待と予言を司るオージンの神威を帯びている、と推定できるだろう。饗宴（a）の主人が匿名であるのも不気味である。伝説上、この者も「変装に長けた」オージンの仮の姿であるのかもしれない。ちなみにグリームニルというオージンの異名は、「仮面を被ったもの」を意味している。

いずれにせよ、饗宴（a）の失敗は、「神聖なる客人」であるはずの王の権威の失墜を示す一大事件であった。言いかえると、治世中は「豊作に最も恵まれていた」（ársæistr）と称賛されていたハールヴダンであったが、その時には、豊饒を招き寄せる力能が衰退に向かっていたことを暗示している。

最も一般的な犠牲獣はおそらく牛だろう。ドーマルディ王の治世中に飢饉に襲われたときに、最初に供犠の対象とされたものは牛であった。『エギルのサガ』六五章によると、一対一の「決闘」の場に、「大きくて老いた牡牛」が引き出され、「犠牲の贈物」（blót-nautr）と称されたという。決闘の勝利者にその牛を殺す栄誉が与えられるのだが、「時には一頭である場合もあれば、決闘の当事者がそれぞれ自分の牛を引いて来ることもあった」と記されている。[12]「犠牲の牡牛」は、勝利を司る神テュールへの贈物とみなされていたのである。

そもそも「決闘」（hólm-ganga）の原義は、「小島（hólmr）へ行くこと」であった。旧稿で述べたように、決闘は単なる殺し合いではなく、勝利の裁定神テュールがはたしていずれの「道義、主義主張」（ドイツ語 Sache「法的権利を説く主張、道義」を参照）に味方されるかを占う意味があった。[13] そのような神明に誓っておのれの正義を問う聖なる場所として、小島いわば「水辺の地」が選ばれたのである。

『エギルのサガ』(六五)の記録によれば、三〇名の者とともに、船にてホルザランド地方のフェンフリングという「島」に着いたエギル・スカッラグリームソンが、〈ちび〉のアトリに対して、「本来は自分と妻アースゲルズのものであるはずの財産」の返還を要求している。アトリにしてみれば、エギルに二人の兄弟を殺された恨みがあり、その申し立てを断固拒否している。そこで両者の決闘となり、最終的にはエギルがアトリを殺し、その勝利の後、ただちに「供犠の牛」のところへ行き、これを屠殺している。こうしてエギルは、決闘と生け贄という古来の慣行を正当にふまえることによって、みずからが主張していた土地を所有するにいたったのである。

さてハールヴダンの説話に戻ると、「冬至祭」においても当然、犠牲が執行されたはずである。ところがその祝宴に提供され、参加者一同で会食すべきはずの贄の肉と神や王に向けて祝杯をあげるべきエール酒が不思議にも無くなってしまう。しかもその原因究明すらままならないという状況に立たされている。これは「神への贈物」としての供犠の儀礼を完結しえず、王と神の絶縁という異常事態を招いたことを意味している。したがってハールヴダン王が儀礼的には失敗に終わった貧しい饗宴からの帰り道に、典型的な犠牲獣としての「牛」の糞によって溶けだしていた氷が割れて、湖水で溺死したというのはいかにも皮肉めいている。

フレイザーの主張を拡大適用すれば、豊饒を招き寄せる祭司王としての特性に翳《かげ》りが生じ、その力能に「衰弱の兆候」が現れたとき、王殺しは「事故死」という形態をとって実現されるといえるだろうか。先に引用した「ハーコン善王のサガ」（一四）に記されていたように、犠牲祭は、王の「勝利と権勢」、この世の「豊作と平和」を祈願して、神々ならびに王のために祝杯をあげるという意味があった。ところが、ハールヴダンは、理由はどうであれ、その聖なる饗宴の席において、異郷からの来訪者に対して虐待をはたらき、いわば「客人款待の原則」に違犯したことによってみずからの非運を招いたのである。(14)

しかしそれでも人々は、豊饒を招き寄せた王の逝去を傷み、結果的には四つの地方に遺体が分割されて埋葬されたという。それも、「豊饒を乞い願う」（ár-vænn）それぞれの土地の豪族の宿望を満たすためであった。ハールヴダンに付された〈黒髪の〉というニックネームは、豊沃な大地の色を連想させる。

飢饉を超克するための犠牲にされたドーマルディ王は、その血が祭壇にふり撒かれたのだが、ハールヴダンの場合には、遺体そのものが「分断」されて大地に埋められている。一見したところ質を異にするようだが、遺体を分断したということは、大地にその神聖なる血をふり撒くことを含意している。人々の合議に基づく殺害と事故死という違いは明らかだが、いずれの説話も、王の死または殺害をもって、豊饒を招くための呪術に転化するという、基本的には共通した信仰体系を背景にしていると言えるだろう。

3 『風土記』にみる供犠

周知のように、八世紀初頭に編纂された『風土記』のうち、「播磨国風土記」の讃容《さよ》郡と加毛《かも》郡の条に、それぞれ鹿と宍《しし》を生け贄にしたという記録がある。比較考察を進める上で無視しがたいと思われる。まず前者の条には、つぎのように記されてある。大神（伊和大神）の妹背《いもせ》（夫婦）が「国占め」（土地占有の呪術争い）をしたときのことである。

妹玉津日女命《いもたまつひめのみこと》、生ける鹿を捕り臥せて、その腹を割きて、その血に稲種《ま》きき。よりて一夜の間に、苗生ひき。すなはち取りて殖ゑしめたまひき。

（「播磨国風土記」讃容郡の条）(15)

このように、タマツヒメが「五月夜《さよ》」の間に稲の苗を植えてしまったので、大神は国占めの争いに敗れたことを認めて、別の地へ去って行ったという。そこで当地は「五月夜《さよ》の郡《こほり》」と命名され、信奉する神をサヨツヒメノミコトと名づけたとされる。また鹿を捕らえてその生血に稲種を植え付けたことにちなみ、鹿を放った山に「鹿庭山《かにわやま》」という名を与えたと記されている。

いわばタマツヒメは国占めに勝利した後に、その土地の豊饒を司る神としてサヨツヒメの称号を与えられたことを語っている。稲の播種に際して生け贄にされた鹿の血が必要とされたことが注目される。

この記事に関連して大和岩雄は、諏訪大社の御頭祭、別名「千鹿頭《ちかとう》祭り」をあげ、「当日（旧三月酉の日）社頭に持来るものの中には、生血の滴るものもあるのも其の侭《まま》を奉るなり」（『官国幣社特殊神事調』）という一文を引いている。そして「千鹿頭」は「血方」とも書くことから、「千」は数の多さを示すだけではなく、「血」の意味もあったと推定している。[16]

この諏訪の祭りについて、横田健一は、近世の記録に拠って、「鹿の頭七十五を俎にのせ並べて供え、別に鹿肉を料理して盛ってそなえ」たと述べ、「社人もその肉を食い、他人も社人より許しがあれば食う」と付言している。これを俗に「御俎揃《おまないたぞろえ》」とも称したそうである。[17]

周知のように諏訪大社は、建御名方《たけみなかた》と八坂刀売《やさかとめ》を祭神として祀り、ことに前者は奈良時代より「風の神、水の神」として尊崇され、持統天皇が「国家の安泰と五穀豊饒」を祈念するための勅使を派遣した記録がある（『書紀』）[18]。おそらく相当に古き時代から、神を崇めたてまつる鹿の贄と神人共食の習俗が継承されてきたのだろう。横田は「諏訪大明神絵詞」に記された旧暦三月の祭りについて、つぎのように述べている。

その末日の神事に、仮屋をかまえて稲穂を積んで、その上に皮を敷いて、最高の神官である大祝《おおほおり》の座とするとしるしている。大祝は神の憑《よ》る神聖な人で、その座は神の座である。それが稲をつんだものであることは、その神が農耕神、穀神であることをしめしている。[19]

この発言は大筋において間違いではないと思うが、「獣が穀霊の化身であるとするならば、諏訪の神自身が鹿の姿をとってあらわれると考えられた時代がある」、という横田の推定は疑問視せざるをえない。鹿がもし神の仮の姿であるとするならば、なぜ、その聖獣を神への犠牲として、たとえば七十五頭も殺す必要があるのだろうか。仮屋に稲穂を積むという神事は、この三月の時節（現行は四月中旬）、すなわち播種期に先立ち、前年に実りを与えてくれた穀霊を今年度の稲種のなかに転移させるという意味があるように思われる。先に引用した「播磨国風土記」にみられたように、その呪術を完璧なものにするためには、鹿の血がぜひとも必要とされたのだろう。

アマテラスが天の岩屋戸に「お隠《こも》り」となったとき、アメノコヤネの命とフトダマの命を呼び寄せ、「天の香山《かぐやま》の真男鹿《さをしか》の肩を内抜《うつぬ》きに抜きて」、吉凶占いを執行したという(『記』)。天の岩戸神話は通常、冬季に衰弱した太陽の力を復活させ、大地豊饒の力を招き起こすという古代信仰や儀礼と関連があると解されている。アメノコヤネについては語義不祥とされるが、フトダマは「尊い霊魂」を意味する。尾崎暢殃はこの一節について、牡鹿の肩甲骨を抜き取り、「その骨を焼いて」卜占をしたという注釈を与えている。[20]

しかし原文には実際に肩骨を焼いたことが明示されていない。鹿の肩甲骨を抜いたのであれば、その他の身体部位、特に頭部はいかに処分したのであろうか。ここでは卜占になっているが、間接的には、神への供犠を想定することが出来るかもしれない。アメノコヤネ(天児屋)を召喚したということは、諏訪大社の旧三月の神事にあったように、「仮屋」または祭場を設営したことを意味しているように思える。そしてフトダマは鹿の屠りを執行し、神の霊が憑りまし来る「大祝」の役柄を示唆する名称である。

つぎに「天のハハカ」(桜の一種)の枝を取って来て、鹿骨の占いを執り行ったと記されているが、アマテラスがまだお籠もりとなっている以上は、桜の開花する以前の時節であろう。桜の枝をどのように使用したかは明らかではないが（尾崎の解釈によれば「これを用いて鹿の骨を焼いた」）、おそらく冬の終わりか、または春先の神事を反映している。いずれにせよ天の岩戸神話のこの一節は、鹿を殺すことによって、豊饒を招き寄せるための呪術または年占が存在したことの証左となりうる。

さて諏訪大社に祀られてあるタケミナカタは、本来は出雲のオホクニヌシの子であったが、高天の原より派遣されたタケミカヅチとの力競べに敗れ、信濃に逃げ、追跡してきた対手に帰順を誓って当地に鎮座するにいたったと伝えられている。勝利者になったタケミカヅチは水神かつ雷神であり、水神・風神としてのタケミナカタと基本的には性格が一致している。

「国譲り」神話における最後の抵抗者であったタケミナカタは、先の「播磨国風土記」に記された、妹タマツヒメとの「国占め」に敗れ、別の地に去ることを余儀なくされた大神（伊和大神）と似通うところがある。言うまでもなくタマツヒメは、鹿の血によって稲種の発育を促した豊饒女神の側面を有する。とすれば、大量の鹿の頭をならべて神への贄としてきた諏訪の習俗は、水と風を司る神タケミナカタの神威をいやましに昂め、「国譲り」（国占め）に敗れた同じ轍を踏まぬようにという民意がはたらいているのかもしれない。あるいはまた、外来神タケミナカタに対する、土地の者たちの、極めて誇張されたかたちでの一大饗宴という解釈も成り立つだろう。いずれにせよ、鹿を神への犠牲獣となすことによって神を慰撫し、豊饒を招く神事である。

「播磨国風土記」賀毛郡の条によれば、ニツヒコの神が「法太《ほふだ》の川底《かわじり》」を「雲潤《うるみ》の里」の方へ迂回させようとしたところ、村に鎮座するの神が次のように言ってその申し出を拒絶したという。

「吾《あ》は宍《しし》の血を以ちて佃《たつく》る。故《かれ》、河の水を欲《ほ》りせず」と。

（「播磨国風土記」賀毛郡の条(21)）

水田耕作に川の水が不可欠であるのに、「宍」（鹿や猪）の血で代用する、といった主張が水の神自身の口から発せられているところが興味深い。それらの動物の生血が自然の水以上の効力を発揮して、田畑に豊饒をもたらすという古代信仰がここでもうかがえる。

ハールヴダンの溺死した時季が、湖の氷が部分的に溶けていた春先であったことは注目に値する。いわば播種期を迎えるに先立ち、豊饒を祈願する人々が王の死体をそれぞれの土地に墳丘を築いて埋葬したことになる。

スウェーデンのドーマルディ王の治世中に飢饉に襲われたとき、人々がまっさきに供犠の対象として選んだのは牛であった。この呪術は功を奏しえなかったものの、その贄の血が大地豊饒を招くという信仰がかつてはまぎれもなく存在したといえる。同様に、「播磨国風土記」のふたつの条にも、鹿や宍を犠牲に処して、その血でもって稲種の生育を促すという思想を読み取ることができた。北欧と日本古代の豊饒呪術は意外と近しいといわざるをえない。

4 「はふり」の古代思想―「謀反」を起こした王の討伐―

崇神記によれば、山城の国を治める建波邇安《たけはにやす》の王が「邪き心《きたな》（謀反）を起こした」とみなされ、ヒコクニブクの率いる皇軍によって攻め滅ぼされたという。その合戦に先立ち、両軍を代表するタケハニヤスとクニブクが「忌矢」（神に戦勝の伺いを立てる「清めの矢」）を交互に放ったところ、後者の矢が命中してタケハニヤス王は落命したと伝えている。統率者を失った軍勢は恐怖に駆られて、逃げに逃げ、皇軍は敵を追いつめては、かたっぱしから斬り殺した。その描写がつぎのようになっている。

その逃ぐる軍を遮りて斬りしかば、鵜のごと河に浮きき。故《かれ》、その河に名づけて鵜河といふ。またその軍士《いくさびと》を斬り屠《はふ》りき。故《かれ》、その地に名づけて波布理曾能《はふりその》といふ。(22)

『紀』では「反逆」を企てた者の名が武埴安彦《たけはにやすひこ》と記され、その軍勢が遁走して惨殺された様がつぎのように記されている。

その軍《いくさ》の衆《ひとびと》、脅えて退《に》ぐ。すなわち追ひて河の北に破りつ。しかうして首を斬ること半《なかば》に過ぎたり。屍骨《ほね》、多《さは》に溢《はふ》れたり。故、その処を号《なづ》けて、羽振苑《はふりその》といふ。(23)

『記』によれば、タケハニヤスは天皇の「庶兄《まませ》」（継母の兄）に当たるとされる。しかし、記紀ともに、タケハニヤスは第八代孝元天皇の御子としているから、第九代開化天皇の御子ミマキイリヒコ（崇神天皇）の「庶兄」とする記録は、矛盾をきたしていることが指摘されてきた。いずれにしても天皇家の血筋に連なる高貴なる「王」が、「謀反・反逆」を起こした張本人として殺害されているという記録は重大である。この記紀の伝承については、拙著をもうけて詳しく論じたことがあるので、ここでは概略を示すにとどめたい。(24)

右の引用文を比較すると、比喩表現ながらも鵜という鳥を明示した『記』では、敵勢の大量虐殺を意味する「屠り」がハフリソノという地名を導いている。それに対して『紀』においては、屍骨が散乱し、そこかしこに「溢れ」、それらの死体に群がる鳥の羽ばたきを連想させる地名として「羽振苑」と表記している。謀反を企てたとされる軍兵たちの死体は、その場に放置され、カラスや鷲などの鳥が人間の代わりに死体処理をやってくれたようである。

白川静の『字訓』に従えば、「はふる」(溢、散、屠、放)は、「犠牲を供して、けがれを祓い清める職」にある「はふり」(祝)、および本来は死体を「他に遺棄すること」を意味した「はぶり」(葬)の系列に連なる言葉である。すなわち「はふり」は、氏によれば、およそつぎのように区分されるという。

(a) はふる【散・屠・放】 ばらばらに解きほぐし、切りはなすことをいう。「放《はふ》る」もまた同系の語。また「葬《はぶ》る」「散《はぶ》る」にも放・散の意がある。

(b) はふり【祝】 けがれを祓い散らすもの。「放《はふ》る」「屠《はふ》る」と同根の語で、犠牲を供して、けがれを祓い清める職にあるもの、神官をいう。

(c) はぶり【葬】 「葬る」の名詞形。「放る」と同根の語であるらしく、「はふり」はその系列の語である。埋葬することをいう。「散《はぶ》る」「散らす」には放り棄てる意があり、本来は他に遺棄することをいう語であったと考えられる。

（d）　はふる【溢】　水などがあふれる。その器に入りきらずに、外にあふれることをいう。「散る」と同根と語。水のみでなく雲や風波がわきおこることもいう。「散《はぶ》る」の形もあったようである。

（『字訓』からの部分引用(25)）

右の解説によれば、「はふル」（はぶル）「はふリ」（ルとリは語尾）の基本概念に、（a）「解きほぐし、切り離すこと」、（b）「けがれを祓い犠牲に供すること」、（c）「葬り去ること」、および（d）「水・風・波などが湧き立つこと、またあふれること」などの意味があって、本来は同系列の語群であったとされる。

多分に（a）（b）（c）については、「もともと在ったところから、さる遠いところに移しおかれゆくこと」という共通性が見出せるだろう。しかし、（d）の意味概念のみは、他と異質に思えてくる。そこで私は、万葉集の例を引きながら、（d）の根本義を成立させた背景に、「鳥の羽ばたきによって風や波が生じ、水があふれる」、という古代信仰があったと推定した。そして、ひとつの証拠としてつぎの柿本人麻呂の長歌の一部を引用しておいた。

……鯨魚《いさな》取り 海辺をさして 和多津《にぎたづ》の 荒磯の上に か青なる 玉藻沖つ藻
朝羽振る《あさはふる》 風こそ寄らめ 夕羽振る《ゆふはふる》 浪こそ来寄れ……（前後略）
（巻二・一三一）

巻二の一三一―四〇は、いわゆる石見相聞歌と称され、議論が尽くされてきた感がある。ここでは右の部分引用の「羽振る」のみに論点をしぼることにしたい。

この「羽振る」について、「鳥の羽を振って飛ぶ意」と解されているのはいいのだが、風が立ち波が巻き起こることをたとえた比喩表現としかみられていない（『全註釋』）。鳥の「飛び立つ」「飛びかける」さまを「比喩的に風が起こす波」について転用した、という一般の解釈ははたして妥当だろうか（『古語大辞典』(26)）。そして、和多津《にぎたづ》は、「よく耕された豊饒なる田（和田《にぎた》）のある港」をさす地名という註解が与えられているが（『萬葉集釋注』(27)）、単なる地名とは思いがたい。むしろ、「和」はニギミタマ（和魂）のニギであり、「饒々（ニギニギ）しき鶴《たづ》」との掛詞と考えるべきだろう。その優美な鶴たちの「羽をふるわせる」さまに誘《いざな》われて、朝には「風があふれたち」、夕には「波があふれくる」という、「はふり」の相互連関が詠みこまれていると解したい。繰り返すと、鳥の「羽振り」が風や水の「溢り」を誘発している、という宗教的な観想があったと思う。

つぎの神功皇后紀の「羽白熊鷲」の伝承を想起すれば、「朝(夕)羽振る」は単なる比喩的な形容ではないことが了解されるだろう。

また荷持田《のとりた》の村《ふれ》に、羽白熊鷲《はしろくまわし》といふ者あり。その人となり強く健《こは》し。また身に翼ありて、よく飛びて高く翔る。ここを以て、皇 命《おほみことのり》に従はず。つねに人 民《おほみたから》を略盗《かす》む。戊 子《つちのえね》の日(十七日)に、皇后、熊鷲を撃たむと欲して、橿日《かしひの》宮より松峡《まつをの》宮に遷りたまふ。時に、つむじ風たちまち起りて、御笠堕《ふ》け風《おと》されぬ。故、時の人、その処を号《なづ》けて御笠といふ。辛卯《かのとう》の日(二十日)に、層増岐野《そそきの》にいたりて、すなはち兵を挙《こぞ》り、羽白熊鷲を撃ちて滅《ころ》しつ。
(『日本書紀』[28])

神功皇后の命に「服従《まつろ》はざる者」として、筑前の国、「野鳥田」という村に、身に翼を有する羽白熊鷲という名の者がいたという。いざ、皇后がこれを討とうとしたとき、一種の神異現象として「つむじ風」がわき起こり、御笠がその風に吹き飛ばされたというのである。「熊鷲」のクマは、朝廷に服従しない熊襲との関連で付されたのか、熊鷹(狩猟用の大きな鷹)のクマにもひとしく「気が荒く大きい」の意味か、それとも、顔面に隈《くま》どりなどをしていたことを示すのか、説が分かれるだろう。他に記録もないので不明だが、と

りあえず「熊や鷲の神威をひめた大いなる白き翼を有する者」と解しておこう。(29)

疑いもなくこの伝承では、「野鳥田」という村において、皇后への帰順をこばむ「熊鷲」なる者についての「羽振り」が中心テーマとなっている。つまり、「空を飛び翔ける」ほどの大いなる「羽ばたき」をなす熊鷲は、その「つむじ風」でもって皇后の御笠を吹き落とした「逆賊」とみなされている。

ソソキ野も単なる地名ではなく、ススグ(滌ぐ・濯ぐ)に通じ、「水で洗い清める」「罪とけがれを祓う」、さらには多分に「名誉挽回をする」(意をススグ野)という複合的な意味をもたせた名称だろう。最終的には、その地において皇軍の「挙兵」がなされ、羽白熊鷲をまさに討ち滅ぼしたというのであるから、多義的な意味での「はふり」(散り・放り・祝り・葬り・羽振り)がここに執行された、と読解できる。

さて、同じくタケハニヤス王は、天皇家に対する逆賊、いわば「まつろわざる者」としてその軍兵もろとも「葬り去られた」わけだが、「羽振苑」と名づけられた葬地に表徴されるように、兵士たちの大量虐殺は、「けがれを祓い清める」ための一種の生け贄であったと考えられる。その事は、この乱を平定したのちに、オホビコが天皇の命に従い、高志の国や会津に遠征し帰還したとされ、続いてつぎの一文が記されていることからも分かる。

「ここに天の下平《ことほ》ぎ、人民《おほみたから》富み栄えき」と。

オホビコは、いわゆる四道将軍として崇神天皇の命に服しており、「邪心」（記）を起こしたとして討たれた異母兄弟のタケハニヤスとは好対照を成している。いわば崇神天皇の治世中に、天下の安寧と五穀豊饒の時代を築き上げるために、けがれを祓うための（「羽振り」）「聖なる犠牲者」に仕立てられた王者がタケハニヤスであったことになる。(30)

5　アガメムノン王と犠牲獣

最後に比較考察の視野を古代ギリシアに転じ、王殺しの伝説が意味するものについて若干の傍証を提示しておきたい。『オデュッセイア』によれば、トロイア戦争におけるギリシア側の総大将アガメムノンの妻クリュタイメストラは、夫の不在中にアイギストスと情を通じ、帰還した夫を殺害する悪事に手を染めたとされる。夫オデュッセウスの帰りを二〇年間の長きにわたって待ちわびながら、操を守り通した貞女の鑑ともいうべきペネロペイアとは好対照をなす女性として描かれている（第二四書一九一―二〇二）。

クリュタイメストラは、もともとは「道義を弁えた女性」であって、最初のうちはこの不倫行為への誘惑を拒んでいたが、アイギストスの策略（彼女の身辺を警護する者を無人島に置き去りにする）と熱心な口説きによって、ついに根負けしたようである（第三書二五四―七五）。ホメーロスの記述によれば、アガメムノンの従弟に当たるアイギストスが殺しを計画し、その実行犯であったとされ、彼はあらかじめ海岸に見張りを立てておき、アガメムノンが帰還したという報告を受けると、嬉々として故国に帰ったその人を自分の屋敷に招待し、宴会をもって款待しておきながら、殺害に及んだというのである（第四書五一七―三七）。

アガメムノンとその部下ばかりか、「アイギストスの家来たちもまた、一人残らず屋敷内で討たれた」と記されており、いわば王者（神聖なる客人）を款待する饗宴の広間は、一大殺戮の場と化したのである。注目すべきことに、王殺害の惨事がつぎのような比喩を用いて表現されている。

「死の運命が待つとも知らぬアガメムノンを屋敷へ連れ帰って
食事を供した後、さながら牛を飼葉桶の傍らで屠るが如く殺害した。」
（松平訳『オデュッセイア』第四書五三四―三五）[31]

第十一書四一一行において、同じ事件について全く同じ比喩が用いられている。アガメムノンの亡霊がオデュッセウスの前で、アイギストスと自分の妻の共謀によって殺されたことを物語る一節である。王を款待する饗宴に際して、牛（bous）が屠られたことを示唆すると同時に、殺された王と屠殺された牛が密接に連合されている。あるいはつぎに続く比喩表現に基づけば、あわせて猪（sys）も屠られたと考えられる。

「わしの周りではわしの他に部下たちも、次々に殺されていった——
さながら権勢を誇る富豪の屋敷で、婚礼の祝いとか持ち寄りの会食、
あるいは豪奢な宴会の折に屠られる白き牙の猪の如くにな。」
（松平訳、同著第十一書四一三—一五[32]）

文字通りに読めば、王の部下のために供されたのは猪の肉であったという推測が成り立つ。いずれにせよ、無惨な殺され方をしたアガメムノンが、屠殺された動物に同化されていることは明らかだ。W・ブルケルトによると、古代ギリシア人が犠牲となした動物のうち、「雄牛、特に去勢していない雄牛が最も高貴であって、極めて一般的なものとしては羊、そして山羊、豚があり、価値の低いものとしては子豚がある。飼鳥類も一般的だが、鵞鳥や鳩、いうまでもなく魚はまれである」という。[33] ブルケルトは、「最も高貴」とされ

る雄牛の犠牲についてつぎのように記している。

雄牛は斧を用いて一撃のもとに倒される。それから首筋の動脈が切り開かれる。血がひとつの容器に集められ、祭壇の上とその側面に撒かれる。祭壇を血で塗りたくること（ハイマセイン）は敬虔な義務である。牛に致命的な一撃を加えるとき、女たちは甲高い、金切り声を上げなければならない。ギリシアの慣わしである犠牲式の叫び声が激情のクライマックスのしるしとなる。死を超克する生の叫びである。(34)

なお、犠牲式に発せられた叫び声については、アイスキュロスの悲劇『テーバイを攻める七将』（二六九）を参照されたい。

いうまでもなくアガメムノンは、剣（パスガノン）によって殺されており（『オデュッセイア』第十一書四二二）、斧による牛の犠牲と完全に同一視することは出来ないように思われる。しかし宴会に先立って屠殺されたと思われる最も神聖なる獣としての牛と、宴もたけなわのときに謀殺された王が複合的に捉えられていることは注目に値する。またクリュタイメストラは、自分の息子オレステスによってアイギストスが討たれるとき、「両刃の斧」でもって駆けつける情景が古典期の壷絵などに描かれているという。殊にひとつの壷絵には、剣でアガメムノンを殺すアイギストスの背後に、クリュタイメストラが一振りの斧を持って控えているシーンが描かれている。[35] 聖なる牛の屠殺と王の犠牲が複合的に捉えられていたことの証拠となるだろう。

『テーバイを攻める七将』（四二―四八）に、七将がテーバイの城門の前で、犠牲にした雄牛の血を盾に受け、軍神アレース、戦いの女神エニューオおよび「血を好む恐怖（ポボス）」にかけて、厳かな誓いを立てる場面がある。彼らはカドモスの城都を攻略するか、さもなくば討ち死にか、[36] といった堅い結束を固めるに際して雄牛を屠ったのである。ギリシア軍の総大将として戦場に赴いたアガメムノンと、故国にとどまったアイギストスとの間には、このような「血の結束」は望むべくもなかったと思われる。

雄牛はしばしばポセイドン神に捧げる聖獣であった。そのため、ポセイドンはタウレオス（「雄牛」の意）と称された。ポセイドンは地震と水の神であって、海の神としての側面は二次的な派生とみなされている。そしてポセイドンという名前それ自体は、「大地の主」を意味しており、ガイエーオコス「大地を所有する」という頌辞が与えられていることからしても、本来は大地の豊饒を司る水神として尊崇されたと考えられている。

さて、クリュタイメストラは、あの殺戮の現場となった宴席において、アイギストスによって殺される夫を尻目に立ち去ってしまった、と書かれている（『オデュッセイア』第十一書四二五—二六)。アガメムノンの殺害を雄牛の屠殺と同化できるとすれば、彼女は上述の「犠牲式の叫び声」ばかりか、悲痛の声さえも上げなかった、と読める。いずれにせよホメロスの詩歌によれば、クリュタイメストラは夫の殺害に直接手を下してはいない。

ところがアイスキュロスの悲劇『アガメムノン』では、彼女自身が剣でもって夫を三回突き刺したことになっている。致命傷を負って倒れるアガメムノンと、その血潮を浴びたクリュタイメストラの様子が、彼女の口を通してつぎのように語られている。

こうして、倒れざまに、胸の奥からおおきい息を吐くと、
急所の一撃を告げる、血潮をどっとふきだし、
血の色濃い露の、黒いしずくが、私の体をしとどに濡らす。
この身がおぼえた喜びは、ゼウスが降らせる輝く雨に、
麦つぶが、莢《さや》のなかではじけて、あふれるさまに似ていた。

(久保訳『アガメムノン』一三八八—九二)[37]

訳者の久保正彰が巧みに解説しているように、彼女の夫殺しの動機は、愛する娘イピゲネイアがギリシア軍の出陣に際して犠牲にされたことからくる、「母としての怒りと恨み」

か、あるいはアイギストスとの「道ならぬ恋」か、といった疑問を叙情詩人ピンダロスが投げかけている（『ピュティア祝勝歌』第11歌）[38]。アイスキュロスの作品『アガメムノン』では、この二つの動機が複雑に絡まりあっている。

右の引用文においては、アルゴス王アガメムノンの血潮を、血を含んだ「露」（ドゥロソス）になぞらえ、また大地を豊沃にする「神の贈物」（ディオス・ドトス）としての雨にたとえている。その露や雨滴に濡れそぼつ「私」、すなわちクリュタイメストラは、母なる大地を表徴しているであろう。したがって夫君を血祭りにあげた彼女の喜びの比喩として、撒かれた種子から芽を吹き出だす「麦畑」（スポレートス）と類比関係に置いているのは、単なる字面だけの修辞を越えて、古来の宗教に根ざした慣習をふまえていると言わざるをえないだろう[39]。

すなわち、殺しの動機がいかなるものであったにせよ、神聖なる王の犠牲は滴る血によって大地に豊饒をもたらすという信仰が、古代ギリシアにも存在したことになる。この意味ではクリュタイメストラは、十余年の長きにわたって異国への遠征のために、国政をないがしろにした王を屠る、女祭司の役割を果たしたとも言えるだろう。

クリュタイメストラの夫殺しの主たる動機は、愛娘イピゲネイアを犠牲にされたことからくる「母としての怒りと恨み」にあったと解する方が首尾一貫した説明が可能となる。

ギリシア軍がトロイアを攻めるべくアウリスに集結していたとき、アガメムノンは狩りで鹿を殺し、狩猟女神アルテミスよりも自分の方が射手として卓越していると自慢した。その不遜な態度に激怒したアルテミスが嵐を送り、トロイアへの船出を妨害した。そこで予言者カルカスの諫言に従い、アガメムノンは娘イピゲネイアをミュケーナイから急きょ呼び寄せ（勇者アキレウスと結婚させるという嘘の口実で）、女神を慰撫するために犠牲に捧げねばならなくなったのである。

ただし紀元前七世紀に成立したとみられる『キュプリア』によれば、生け贄が用意されたとき、アルテミスがその最期の瞬間に機嫌をなごませ、イピゲネイアを祭壇から奪うや、タウリスへ連れ去り彼女を不死にしたと伝えられている。そして供犠の祭壇に、女神は乙女の代わりに鹿を残しおいたという。(40)

叙情詩人ステーシコロスの異伝によれば、イピゲネイアはクリュタイメストラの娘ではなく、その姉ヘレネと英雄テセウスの間に生まれたとされる。またトロイア戦争の発端となった美女ヘレネは元来、植物生長と豊饒を司る女神であったという有力な説がある。(41)従来、L・R・ファーネルなどによって、イピゲネイアもその原姿は女神であって、後代にアルテミスに従属、または同化させられたと推定されてきたが、近年ではH・ロイド＝ジョーンズもその説に同調している。(42)ヘレネをイピゲネイアの母とみなす伝承が成立した根拠ともなりうるからである。そしてロイド＝ジョーンズは、「アルテミスはか弱き者、よるべなき者の守護女である」と説いたW・ワロンに異議を唱え、むしろこの女神の残虐な側面を重視して、つぎのように言っている。「古代ギリシアの宗教では、その女神（アルテミス）は動物の仔を自分自身の子として慈しむ。しかし同時に、彼女はその獣たちを滅ぼす狩猟女神でもあるのだ」と。そして「真相をいえば、アルテミスは血を流す犠牲の女神である」と定義したヴァルター・ブルケルトの一文を引用している(43)。

このように野生獣の子を慈しみ守護する一方で、血の犠牲を好むといった二面的な性格をアルテミスに認めることが出来るのであれば、クリュタイメストラは、そうした狩猟女神の両義的な特性を部分的に継承しているとみなしうる。またパリスによるヘレネの誘拐・掠奪によってトロイア戦争が生じ、数多くの戦士たちの血が流されたことと類比的に、アイギストスと不義密通の関係に陥ったクリュタイメストラは、「生と死」の植物生長神としての姉ヘレネの本性を内に秘めた、王の犠牲の執行者であったと解釈できるだろう。

結語

こうして北欧に始まり、日本とギリシアにおける「王の犠牲」の伝説を概観してきたのだが、細部こそ異なるものの、「豊饒を招き寄せる」ことを本来の目的とした共通する信仰背景が認められた。一見残忍と思えるが、牛や鹿などの聖なる犠牲獣の供犠とパラレルな関係をもって、神聖なる王者の犠牲的な死が語られ、「流された血を大地に滴らせ、また祭壇に振りまく」古代呪術がひそんでいた。

そして古代日本においても、王者や獣を「はふる」（屠る・散る）ことは、「けがれを祓い散らす」という宗教的な行為（「祝り」）に連結していた。いわば「羽振り」は、まつろわぬ者どもを平伏させ、神への犠牲者として「葬る」（血祭りにあげる）ための古代呪術であった。崇神紀にみえるように、「謀反」をくわだてた（「帝傾《みかどかた》ぶけむ」）者を葬り去ったのちに、その呪術の最終目標が達成される、という「王化《おもぶけ》」の思想（人心を帝王のもとになびかせること）が打ち出されている。「羽振り」は、波や風のハフリ（「溢り」）を導く。端的には、「反逆者」たちを「平定」したのちに、「豊饒」がこの世にあふれる（「溢り」）という、古代の呪術的な、かつ政治的なイデオロギーが存在していたことになる。

ずいぶんと遠回りをしたが、そのおかげで、北欧神話のなかの一連の「殺害」の意味するものが、より鮮明に見えてきたようだ。たとえば、巨人ユミルの殺害によって宇宙が創成され、虐殺された女神グッルヴェイグが蘇生を繰りかえすことによって、両神族が「和平」を結ぶにいたった。そして女神イズンの「掠奪者」となった巨人スィヤチの虐殺が、ひいてはその娘のスカジとニョルズ神の「聖婚」を導いている。それは「山と海の原理の和合」を意味していたが、同時にアース親族と巨人族の一時的な「和解」を意味していた。

こうしてみると、バルドルも「神々の犠牲者」として殺されねばならなかったと推定できるだろう。「犠牲と豊饒」にまつわる古代思想が、北欧神話のなかでまぎれもなく語られていることを終章で確認してみよう。

註

(1) 第一章 (15) Aðalbjarnarson, 31-32.

(2) Lars Lönnroth, "Dómaldi's death and the myth of sacral kingship." in: *Structure and Meaning in Old Norse Literature*. John Lindow, L. Lönnroth & G.W. Weber, eds. (Odense UP, 1986) 90.

（3）第一章（15）Aðalbjarnarson, 167—68.
（4）Aðalbjarnarson, 168.
（5）Aðalbjarnarson, 22-24.
（6）ジェームズ・G・フレイザー『金枝篇』（二）永橋卓介（訳）（岩波書店、一九七五）二二八。
（7）フレイザー、二二九—二三二。
（8）第一章（15）Aðalbjarnarson, 91-93.
（9）水野知昭「客人款待神としてのオージン」『ユリイカ』2月特集号（青土社、一九九七）一三八—一四五。
（10）熊野聰『北の農民ヴァイキング—実力と友情の社会』（平凡社、一九八三）一六八。
（11）第三章（7）Cleasby & Vigfusson, 691.
（12）Sigurðr Nordal, ed. *Egils saga Skalla-Grímssonar.* Íslenzk Fornrit II. (Reykjavík, 1933) 209.
（13）第二章（19）水野、一一八。第一章（12）de Vries, II, 350.
（14）本章（9）水野、一四一—一四三。
（15）秋本吉郎（校注）『風土記』（岩波書店、一九五八）三〇九。
（16）大和岩雄『鬼と天皇』（白水社、一九九二）六二。
（17）横田健一『神話の構造』（木耳社、一九九〇）七三。
（18）坂本太郎・家永三郎・井上光貞・大野晋（校注）『日本書紀』下（岩波書店、一九六七）持統五年八月の条。
（19）横田、七三—七四。

(20) 第一章（13）尾崎、一〇八

(21) 本章（15）秋本（校注）、三四七。

(22) 第一章（13）尾崎、三五六―五七。

(23) 本章（18）坂本他（校注）上、二四六。

(24) 水野知昭『羽振りの古代思想』（非市販・自家本、一九九一）八六―九二。

(25) 白川静『字訓』（平凡社、一九八七）六二六―二八。

(26) 武田祐吉『増訂萬葉集全註釋』三（角川書店、一九五六）四〇三。中田祝夫・和田利政・北原保雄（編）『小学館　古語大辞典』（小学館、一九八三）一三五一。

(27) 伊藤博『萬葉集釋注』（一）（集英社、一九九五）三二三。

(28) 本章（18）坂本他（校注）上、三三二。

(29) 本章（24）水野、七〇―七二。

(30) 水野、八六―一五二に詳述。

(31) 第五章（28）松平、一一〇。

(32) 松平、二九六。

(33) Walter Burkert, *Greek Religion.* tr. J. Raffan（Harvard UP, 1985）50.

(34) Burkert, 56.

(35) N.G.L. Hammond & H.H. Scullard, eds. *The Oxford Classical Dictionary*（Clarendon, 1970）257.

(36) 池田黎太郎（訳）「テーバイを攻める七人の将軍」『ギリシア悲劇全集2』（岩波書店、一九九一）一六〇。

(37) 久保正彰（訳）「アガメムノーン」『ギリシア悲劇全集1』（岩波書店、一九九〇）九一。

(38) 久保、二七四—七六。

(39) Page duBois, *Sowing the Body: Psychoanalysis and Ancient Representations of Women* (U of Chicago P, 1988) 39-85.

(40) Paul Clement, "New Evidence for the Origin of the Iphigeneia Legend," *Antiquité Classique* 3 (1934) 393.

(41) Hugh Lloyd-Jones, "Artemis and Iphigeneia," *Journal of Hellenic Studies* 103 (1983) 87-102; 95.

(42) Lloyd-Jones, 95.

(43) Lloyd-Jones, 88.

終章　ラグナロク——神々の滅びゆく定め——

1　バルドルの葬送

バルドルの亡骸《なきがら》はアースたちによって海に運ばれ、「あらゆる船のなかで最も大きな」フリングホルニという名の船に載せられている。ただし、そのときに、火葬の薪を積んで、いよいよ進水させようとしたが、その船はすこしも動かなかった。そこでヒュロッキンという名の女巨人を呼び寄せた。彼女は「狼にまたがり、毒蛇の手綱をさばきつつ」訪れたと記されている。彼女の力をもって船首を押せば、「コロに火花を散らしながら、全地が震えて」、船が進水した。そのとき、ソールが激怒して、槌をひっつかみ、「神々が皆で彼女のために和解をとりつけなければ」、すんでのところで彼女の脳天をかち割るところだった、と記されている（「ギュルヴィの幻惑」四九）。

ヒュロッキンという名（Hyrrokin）が「火傷のため（皮膚に）斑点や皺《しわ》が出来たもの」

を意味することからすれば、「鍛冶場の火を守る女」を連想させる。ここでは明記されていないが、巨人（および女巨人）退治において凄まじい「神力」（アース・メギン）を発揮するソールといえども、バルドルの最大級の船を動かすことが出来なかったとみえる。だから、目の前でヒュロッキンの力を見せつけられた雷神すなわち火の神ソールは、憤怒の情をあらわにしたのだろう。

鍛冶屋といえば、まだ神々がミズガルズ（人間世界）を定めて間もない頃、山巨人や霜巨人たちの攻撃に対して守りの万全な塁壁（borg）を造成することを申し出た鍛冶屋を想起させる。神々はその鍛冶屋との間で、「一冬」（半年）の間にその仕事を完成したときには、女神フレイヤと太陽と月を報酬として与える、という厳かな誓いを立てた。鍛冶屋はスヴァジルファリという名の馬を駆使して巨岩を運び、すこぶる順調に仕事をこなし、「夏がくる三日前」になると、門の建設に着手した。驚き慌てた神々は、ロキに対して、ただちに然るべき手段を講じよ、さもなくば死を覚悟せよ、と迫った。それに応えてロキは、牝馬に変身してスヴァジルファリを誘惑し、工事を妨害した。翌日も同じことが起きたので、鍛冶屋はついに「巨人の怒り」（ヨトゥン・モーズ）を爆発させて、その正体を現した。神々はその相手が山巨人であったことを知ると、誓約を無視してソールを呼び寄せた。現場に急行したソールは、ミョルニル槌を振りあげると、それが「工事の報酬」

（スミーザル・コイプ）とばかりに、一撃のもとに相手の頭蓋骨を打ち砕いたという（「ギュルヴィの幻惑」四二）。この神話については詳しい分析を提示したので、ご参照されたい[1]。

　ソールと「決闘」（leikr）をした巨人のゲイルロズも、「篭手《こて》を用いて、赤く焼けた鉄の塊を取って、ソールめがけて投げつけた」という描写に基づけば、鍛冶屋の風貌をそなえている。この決闘はその巨人の館のなかで行われたのだが、「広間のいたるところに、大きな炎が燃え立っていた」と記されている。結局、この決闘においても、ソールは「鉄の手袋」でその燃える鉄塊を受けとめ、それを投げ返して宿敵を討ち果たしている（「詩語法」二六）。

　ところで、ソールの母はヨルズ（「大地」の意）または別名フィョルギュンだが、この後者の名に対応する男性名詞は、古き雷神フィョルギュンヌ（Fjörgynn）であり、ゴート語 fairguni「山」（および古英語 fyrgen）と同系である。古リトアニアの雷神ペルクーナス（Perkunas）やロシアの年代記（十―十一世紀）に表記されている神ペルヌ（Perunu「激しく打つもの」の意）との関連が従来より指摘されてきた[2]。

　その他の詳しい議論は省略するが、このようなことから、槌をふるい、巨人退治をするソールには火雷神の性格が認められ、しばしばその遠征に、火（logi）の精霊としてのロキを随行するのもうなずけるというわけだ。したがって、先に紹介したような鍛冶屋の風貌をもつ巨人たちは、ある意味ではソール神と似たもの同志ということにもなる。

ソールは二頭の山羊の引く車に乗って旅することから、オクソールすなわち「車を操るソール」の異名を有していた。巨人フルングニルとの決闘の場所にソールがはせ参じたときにも、敵手は「その直後に、稲妻を見て、大いなる雷鳴がとどろくのを聞いた」と記されている（「詩語法」一四）。

さて、バルドル葬送の場面に話をもどそう。女巨人のヒュロッキンが「最大の船」フリングホルニをひと押しすると、「コロに火花（eldr）を散らしながら、全地が震えて」、船が進水したという。この描写は、「稲妻」（eldingar）を発し、天地を震わせる雷神ソールの出現の仕方を思わせる。したがってその時、あやうくヒュロッキンの脳天をかち割ろうとしたというのは、ソールのいつもの行動パターンであったと言える。

「火傷のため斑点や皺が出来たもの」を意味するヒュロッキンの名前からは、「神々にとっての輝ける花嫁」と称された同じ女巨人スカジとはまさに正反対の「醜悪な容貌」しか想像できない。だがその反面、スカジの名が「損害、危害、損傷」あるいは「死」を意味し、古英語 sceadu「影、暗闇」と同系であることを考えれば、このバルドル葬送の場に、「狼にまたがり、毒蛇の手綱をさばきつつ」訪れたヒュロッキンとどこか似通うところがある。[3] 神々はこのときに、巨人の国にあえて使者を派遣して、「ヒュロッキンという名のあの女巨人」を召喚しているのだ。バルドルとの結婚を欲していた、「あの女巨人」スカジの仮の姿ではないだろうか。しかも、後述するように、スカジはロキを業罰に処するに際して、どこからか「毒蛇」を持ってきたという。

ちなみにgýgr「女巨人」という用語については、ジョン・リンドウも近著で問題にしていて、「ひそかに行なう、隠す」を意味する印欧語根から派生したと解している。[4] 第二章2節で既述したように、冥府女神ヘルの名も、動詞 *helan「隠す」に由来し、その原義は「(死者を)隠すもの」または「隠す所」であった。バルドル葬送の場に唯ひとり「招待された客人」であるヒュロッキンは、したがってバルドルを死女神ヘルのもとへ送りだすための特別な職分を負っていると思う。あとで論を再開するが、フリングホルニという船の名前がやはり何か象徴的な意味を有しているにちがいない。

2　ロキの業罰

バルドルの遺体が船の中に運びこまれたとき、彼の妻ナンナがこれを見て、悲しみのあまりにショック死を遂げたという。ナンナはそこで、夫バルドルとともに荼毘にふされた。このような記事がその直後に置かれているということは、いかにスカジといえども、ふたりの愛にもはや割り込むことができないことを暗示している。ともかく、こうしてバルドルとナンナは仲睦まじく、ヘルの世界へ降っていったのである。そうすると、スカジの口惜しい思いと恨みは、これまでの推理に基づけば、当然、ロキに向けられることになる。

スノッリの記述によれば、ロキはバルドル殺害の後に、鮭に変身して滝に身を隠すが、神々がある特殊な魚網を投じて捕獲作戦を敢行している。ロキは海の近くまで逃げたが、その網を飛び越えようとしたとき、ソールがその鮭をわしづかみにして捕えたという。それから洞窟の近くの岩にて、ロキは、殺された息子ナルヴィ（別名ナリ）の腸でもって縛られ、肩、腰、および足（膝の下）の三ヵ所が動けないようにされた。息子の腸は頑丈な鉄になり変わった。そこで登場してくるのがスカジである。どこからか毒蛇をつかまえてきたスカジは、その毒がロキの顔の上に滴るように蛇を結びつけたという。ロキの妻シギュンは、滴下する毒の液を桶で受け止めるために、ロキの傍らに立つのだが、その桶も満杯になると、中味を捨てに行かなければならない。その間、ロキは毒を浴び、激しく苦しみもがく。そのために「すべての大地が震え」、いわゆる地震というものが発生するのだ、と締めくくられている（「ギュルヴィの幻惑」五〇）。

あのヒュロッキンがバルドル葬送の現場に参じたときには、「毒蛇の手綱をさばきつつ」という、奇妙な出現の仕方であったが、ロキに業罰を加えるために、毒蛇を持ち来たったのもスカジだった。バルドルへの求愛を果たせなかったどころか、ロキのせいで、バルドルと愛妻ナンナが共に冥府へくだることになってしまった、という憤懣やる方がないスカジの振舞いが、巧みに表わされた神話である。

すでに第五章5節で論じたように、スカジの前で男根露呈の笑劇を演じてみせたロキの所作は、豊猟祈願の意味があり、その所作に触発されたスカジの「笑い」は、その祈願が聞き届けられたことを示唆していると解釈した。確かにロキは、狩猟女神スカジの愛の標的であったバルドルを「獲物として討ちとる」ことには成功したが、それはきわめて皮肉めいたことに、スカジにではなく、先述したように、自分の娘ヘルへの贈物にするためであった。こう考えれば、捕縛されたロキの頭上に毒蛇を持ち来たったスカジの激昂ぶりも、うなづけるというものである。

ロキの息子ナルヴィ、別名ナリ（Nari）について、「狭い、窮屈な」を意味する形容詞 nörr（古英語 nearu）に関係づけられてきたが、(5) 私はむしろ、動詞 næra「養育する、滋養を与える」および名詞 -nari「育むもの」（古英語 neru「養育、救助」）に関連があると考えている。たとえば古ノルド語 aldr-nari「命を育むもの」は「火」を意味し、古英語語 lif-neru「生命を育むもの」は「食糧」を意味していた。当然、古ノルド語 nara「惨めな暮らしを続ける」も、これらの同系である。すなわち、息子ナリの「腸」で捕縛されて、口からは「蛇の毒」しか入ってこないロキの有り様は、まともな食糧や栄養分をなにひとつ摂取できず、本来ならば自分が「養う」べき「息子」の腸で囲繞され、あたかも息子ナリの腸によって「生き長らえさせられている」という、きわめて屈辱的な業罰を受けていると読解できる。(6)

ところが、そのロキも、ラグナロクすなわち「神々の力の衰滅」するときが至れば、その恐るべき縛めから「解放される」(lauss)というのだ(「バルドルの夢」一四)。先述したように、まさしくロキは、「束縛・迫害」される力が大きければ大きいほど、「解放」へのエネルギーを内にたくわえ、瞬時に暴発させる存在者である。

3 神々の犠牲者《スケープゴート》

学者たちはさまざまな視点からバルドル神話の謎に挑んできた。その中でもフリードリヒ・カウフマン(一九〇二年)は、ジェームズ・G・フレイザー卿の『金枝篇』をさかんに援用しながら、バルドルがアースの神々の犠牲者として冥府に送りこまれたと論じた。[7]この古典的な説は、いまでも異彩を放ち、かつ有効だと思われるが、なぜか、大方の学者によって看過されるか、もしくは厳しい批判にさらされてきた。たとえば、E・ターヴィル・ピーターの著名な概説書は、カウフマン説にまったく言及していないし、[8]博覧強記の誉れ高いヤン・ドゥ・フリースも、「神格化された王の犠牲の儀式と関連づけようとした」、と簡略に述べるだけで詳説を避けている。[9]さらにジョン・S・マーチンになると、「カウフマンはフレイザーの解釈を援用して自説を展開しており、……（中略）……資料不足のために、その学説を説得力をもって論ずることが困難だったのだ」、とかなり手厳しい。[10]

フレイザーが蒐集した資料によれば、種々の未開民族や原始の人々、およびキリスト教の伝来以前のヨーロッパ各地において、ひとつの類型的な慣習が認められる。すなわち、自分たちにある種の苦痛や病気などの災禍がふりかかると、石や樹木、猪や牛などの動物、あるいは人形や選ばれた特定の者に、その災厄を転移し、いわばそうした身代わりの犠牲者を打ったり、蹴ったり、罵声を浴びせたり、または殺したりすることによって、自分たちの周辺から災いを追放するという、根本的に類似した風習がみられるのである。

すべての人々の累積した不幸と数々の罪は、ときとして死すべき神に負わせられることがある。その神がすべての災禍を永遠に運び去ることによって、人々は罪や穢れを免れ、幸せを保つことができるとみなされた。

（J・G・フレイザー「スケープゴート[11]」）

いわゆるスケープ・ゴート「贖罪の山羊」の観念が、キリスト教以前の北欧に存在したということを、とりわけバルドル殺害神話のなかから読み取るのはさほど困難ではないだろう。カウフマンはつぎのように述べている。

共同体のなかで選び出された或る代表者に災厄が転移されると、つづいてその者の放逐がはじまる。すなわちバルドルは、火による清祓の儀を挙行したのちに、その遺体が火炎に包まれた船に載せられ、海へと押し出され、地下世界に追放されている。[12]

洞察に富む指摘だが、他の学者からの批判の槍玉にあがったように、この文章のあとにもフレイザーの著から引用し、「人々の罪や病気や災厄を小舟に載せて、海のかなたの他の土地へ運び去ってくれるように」、と祈願するインド洋の島々やボルネオの部族の風習を紹介している。

バルドルの葬礼には、オージン、フリッグの夫婦神をはじめとして、フレイ、ヘイムダッル、そしてフレイヤなどの神々が参列したばかりでなく、霜巨人や山巨人の連中も訪れている（「ギュルヴィの幻惑」四九）。右の図式に従えば、おそらくこの時ばかりは、日頃存在するあらゆる「不和と対立」の関係が無化され、アース神族もヴァン神族も、また巨人族も、罪と穢れを払い、「豊饒と平和」あるいは「幸」を祈願するために一堂に会することが許され、また要請されてもいたのだろう。

ただし、バルドル神話は「身代わりの山羊」の図式だけでは説明がつかないところも多々ある。たとえば、ショック死した妻ナンナばかりか、バルドルの馬までもが、馬具とともに同じ火葬の薪に上げられ焼かれている。神々は「毎朝のように、運命の泉に向けて馬を走らせる」のだが（「ギュルヴィの幻惑」一五）、バルドルの愛馬を屠殺したということは、そのような「裁きの神」としての特性も完全に剥奪したことを意味しているだろう（拙論参照[13]）。そして、もしバルドルが「神々の罪と穢れ、そして災厄」の一切を背負わされて、冥府ヘルに下降したとするならば、ヘルはなぜ、「万物の嘆き」という困難な条件を提示してまで、バルドルの返還を拒んだのだろうか？　この問いについては、先述したように、ロキの娘ヘルとバルドルの結婚のモチーフを想定することによって解答可能となる。いずれにせよ、いろいろな要素が絡まりあってバルドル神話が成り立っている。

最近ではルネ・ジラールが、『身代わりの山羊』という著の中でバルドル神話に言及している。ジラールは、より古い神話においては、アースたちの集団による殺害が一種の「迫害の基本的な常套手段（ステレオタイプ）」として、よりあからさまに語られていたと推測し、後代の人々がこの「集団による殺害」を抹消するために、「悪魔的な存在者」としてロキが登場させられている、と読解した。すなわちジラールによれば、「集団リンチに参加した全員が本来は共有していた暴力」の責任が、ひとりロキに集中的に帰せられることによって、いわば「ロキの名声を犠牲にすることによって、他のすべての神々の名誉回復がなされている」、と論じている。[14]

『暴力と聖なるもの』や『身代わりの山羊』その他の訳著を通じて、「暴力と犠牲」についてのルネ・ジラールの理論は、神話と儀礼と文学の間に緊密な連関を打ち立てるものとして、わが国でも画期的なものとして受けとめられている。しかし、ことバルドル殺害神話に関するかぎり、「ロキの関与」が本来の神話には無かったという議論そのものは、一九二〇年代のオイゲン・モックなどをはじめとして、古くから繰り返されてきた。モックによれば、原神話では、バルドル殺しはホズが単独で成就した話になっていて、後代の神話伝承の担い手によって改変され、「ロキの関与」のモチーフが挿入されたのだという。[15]

しかし、ジラールの功績のなかでも特筆すべきは、たとえばキリストの磔刑、黒死病の流行時のユダヤ人虐殺、あるいは魔女狩り裁判といった、「集団による迫害」というかずかずの史実の根底にひそむ図式が、神話のレベルにおいても直接、間接に認めうることを発見したところにある。そうした「迫害の基本的な常套形式」は、ジラールによれば、つぎのすべての要件が揃っている必要はなく、三つ、または場合によっては二つでも充分だとされる。

（1）暴力の行使
（2）危機の存在
（3）犠牲者の選び
（4）犠牲者に危機の責任を負わせて、これを殺害するか、もしくは犠牲者によって「汚染」された共同体から追放する。[16]

さて、改めてバルドル殺害神話を想起すれば、この「迫害の基本図式」の要件がすべて当てはまるだろう。（1）は「神々によるバルドル虐待のゲーム」、そして（2）は、「来たるべきラグナロク」（神々の滅び）である、と見るのはたやすい。問題は（3）と（4）である。

思うに、「アース神のなかで最も賢く、弁舌に最もすぐれ、最も慈愛ふかき者」で、まさにバルドルが理想的な存在であったからこそ、犠牲者として選出されているのだ。その館ブレイザブリクには、「邪悪・不純なものは、一切入ることができない」、と記されていた。このようにバルドルが神界において最も清純かつ潔白であるからこそ、「神界」という共同体の穢れと災厄をすべて附着させるべき者としてふさわしいのだ。

先述したように、バルドルを船にて葬送するときには、オージンとフリッグの夫婦神はむろんのこと、ヴァン神族の兄妹神フレイとフレイヤばかりか、「霜巨人と山巨人の多くの連中」も参列していた。またリトという名の小人も加わっていたようだが、かれはソール神によって蹴飛ばされて、バルドルの葬炎のなかで焼け死んでいるから、本来の参加者として認められていなかったのかもしれない。しかし、その名が「輝く者」または「美しき者」を意味していることからすれば、バルドルの分身であろうか。

いずれにしても、種族の相異を問わず、バルドルをひとしく自分たちのスケープゴートとして海のかなたに送り出しているかに見える。言いかえると、この葬礼参列者たちは、ラグナロクという「世界の終末」において、みな滅びさることが運命づけられている者たちである。バルドルの放逐は、はたして彼らの「罪や穢れを祓う」という意味を有するであろうか？

その可能性をさぐる上で、「身分の高き者も低き者も、ひとしくヘイムダッルの末裔」（「巫女の予言」1）と詠まれたように、身分の上下を問わず始祖神とみなされたヘイムダッルが、バルドル葬礼の場に、グッルトップ（「黄金の束髪」の意）という名の馬に乗って駆けつけているのはすこぶる示唆的である。巨人や魔物たちが襲来するラグナロクが到来するとき、この神はギャッラルホルンという角笛を吹き鳴らし、神々の覚醒をうながすという（「ギュルヴィの幻惑」五一）。アースとヴァンの神々や巨人族が参列しているバルドル葬礼の場に、ヘイムダッルが愛馬にまたがり登場しているということは、その「最期の戦闘」のときが間近に迫っていることを示している。

ヘイムダッルという名は語源解釈が分かれているが、第一要素heimrには「国、特定領域」のほかに、冥府との対立概念としての「地上界」の意味がある（「バルドルの夢」6）。そして第二要素については、ゴート語dulps「宴会」やギリシア語thallō「豪勢である」に関連づける説に賛同し、[17]最近の拙論のなかで、王を神聖なる客人として款待するヴェイスラ（犠牲と祭祀の大宴会）の社会慣行との結びつきを指摘した。[18]

ここで「冬至の犠牲祭」（ヨーラ・ヴェイスラ）の場面描写があらためて想起されてくる（第七章1節）。その饗宴に集った人々は、「まず最初にオージンに祝杯を捧げ」、王のために「勝利と権勢」を祈願して杯を傾け、つぎに「豊作と平和」を祈願してニョルズとフレイに祝杯をあげ、それから慣例にのっとり、「多くの者たち」は王のために乾杯し、また「亡き親族」を偲び乾杯したが、それは「追悼礼」(minni)と呼ばれた、と記されている(『ハーコン善王のサガ』一四)。このような「犠牲祭」の記述から、バルドルの殺害と葬礼の原義に光を当てることが可能だろう。バルドル葬礼の参加者のうちの、まさに「多くの者たち」は、同時に「亡き親族への追悼礼」(ミンニ)もこの海辺にて行なっているのだ。むろん、ここに集った「霜巨人と山巨人の多くの者たち」も例外ではない。

前章であげた諸例に共通した図式をふまえると、バルドルの「血の犠牲」(ブロート)は、来るべき「豊饒と平和」の予祝となったといえよう。いわば、一種の「はふり」(屠り・放り・散り・祝り)として殺されたバルドルは、儀礼的な「ハブリ」(葬り)の手続きを経ることによって、「溢り」もしくは「羽振り」(「豊饒と平和」の実現)を導く、と考えられていたのではないか。古代日本の図式をそのまま当てはめるのは危険すぎるかもしれないが、葬礼の参列者の筆頭にあげられたオージンは、この世と冥府を来往する「死霊神」であり、この斎場には、かれとともにフリッグ、さらには死界の乙女ヴァルキュリャたち、そして「かれ(オージン)の鴉たち」がやって来た、と明記されている。

フギンとムニン(「思い」と「憶《おぼ》え」)という名の二羽の鴉がオージンの肩先にとまり、世界のありとある情報を告げ知らせるとされ、その事からオージンは「鴉の神」(フラヴナ・グズ）と称されているという（「ギュルヴィの幻惑」三八）。皮肉な見方をすれば、この主神の秘めたる知恵と予言の才はこれら鴉たちに負うていたことにもなる。ヴァイキングたちが「鴉の軍旗」をしばしば掲げたのは、「勝利を授ける神」（シグ・テュール）としてのオージンに対して、「討つべき敵の戦士を犠牲に捧げる」ことを誓約するためであった。[19] アルフレッド・スミスの言い方を借りると、戦場で繰り広げられる殺戮の行為は、「鴉の神」オージンに「生け贄を捧げる」という儀礼的な意味を有していた。[20] したがって、海辺でのバルドル葬送の場においても、まぎれもなく「羽振り」の儀礼を完結させる役を負った鴉たちが羽ばたいていたとみなしうる。

　第三章1節で触れたように、両神族の和平ののち、ニョルズとフレイの父子は「供犠の祭司」（ブロート・ゴジ）に任ぜられ、娘フレイヤは「供犠の女祭司」に就任したという（「ユングリンガ・サガ」四）。この三名のうちニョルズの名前だけは、バルドル葬礼場面のどこにも見えない。おそらく、このヴァニルの主神は「供犠の祭司長」としてバルドル葬送の儀礼を執行しているのではないだろうか。

　そもそも巨人ユミル殺しは天地創成を導いたが、それは神々による最初の「血の犠牲」を意味している。グッルヴェイグの虐殺と蘇生、イズンを掠奪した巨人スィヤチ殺害、そしてバルドル殺害、これらはいずれも「集団の暴力」として発生した。その意味では、神々によって迫害され虐殺された者たちは、それぞれの「危機」を打開するために選び出された「犠牲者」(身代わりの山羊)と言えるだろう。

神々の創造行為は、客観的な意味での罪悪を生むかにみえる。たとえば、巨人スットゥングの秘蔵の蜜酒を盗み出すとき、オージンはみずからボルヴェルク「悪事をはたらく者」と名乗って旅をしている。事実、その巨人の娘グンロズをたぶらかし、彼女と「三晩、褥《しとね》をともにすること」によって「三口分の蜜酒」を飲む許しを得ている。こうして盗み出された三口分の蜜酒は、アースの神々と一部の人間に供与されるものとなったという(「詩語法」六)。この話は典型的に、神々や人間にとって最良の結果が生じるためには、神々といえども、その才覚を駆使して悪事に手を染めねばならぬことを物語っている。

ロキに対して、必要以上にバルドル殺しの責任が帰せられているのは、まさしくロキ自身が「贖罪の山羊」として神々のそうした過去の罪業を背負わされているからにほかならない。しかし、巨人族の出身でありながら、アースたちの仲間入りをしているロキは、ふたつの異なる世界の境界的存在者である。(21) 息子ナリの腸で捕縛されて、蛇の毒を浴びせられ続けるというロキの業罰は、ひとつの典型的な「迫害の基本図式」に合致している。すなわち、純粋無垢のバルドルとは異なり、「犠牲者」に仕立てられたロキの両義性は、神々ばかりか、巨人族やロキの一統なる魔物たちの「邪悪と災厄」をも祓い清める結果を招くことになるのだ。ラグナロクの最終決戦において、彼らが結集して「神々を滅ぼす軍勢」となりうる由縁はまさにそこにある。

4 円の呪縛

北欧神話においてラグナロクを語る断章に、ナグルファルという名の船が登場している。奇妙にもその船は「死者の爪から作られている」と記され、舵を取るのはフリュム（Hrymr）という巨人だが、この名の語源については解釈が分かれている。しかし仮に古ノルド語 hruma「虚弱になる、老衰する」に関連させると、神々の破滅を導く魔の軍勢の船の統帥フリュムは、いささか皮肉めいたことに「老いぼれ」を意味する。スノッリの記述では、ナグルファルの船が「解き放たれる」ときと、「巨人の激怒」（ヨトゥン・モーズ）に駆られたミズガルズ蛇の襲来のときがほとんど同時であるかのような筆致になっている。[22] 基本的にはつぎの「巫女の予言」の語りを踏襲しているのだろう。

フリュムは楯をかざして、

東から馳せ参ずる。
巨人の激怒に駆られ、
猛き大蛇は身をくねらせる。
大蛇は大波をかき立てる。
そして鷲は甲高く鳴き、
赤錆《さび》たくちばしで死者を引き裂く。
ナグルファルは縛めを解かれる。

（「巫女の予言」50）

「猛き大蛇」と訳出した原語は Jörmungandr で、第一要素 Jörmunr は、東ゴートの勇猛なる王ヨルムンレク（Jörmunrekr 三七五年頃没）の名にも見えるばかりか、主神オージンの別名にもなりえた。古英語 eormen- と同系で、一般に「大いなる」または「力猛き」の意味に解されている。「猛き大蛇」の第二要素 gandr は、「魔術師が魔法をかける対象」が原義であり、また必須な呪具としての「魔法の杖」を意味していたが、転じて「魔物、怪物」を意味するにいたったとされる。「猛き大蛇」が世界を取り巻くミズガルズ蛇をさしていることは疑いないが、その世界蛇を gandr「魔法の杖」と呼びなすことによって、フリュムが操る船ナグルファルとの間に緊密な連想をひき起こしている。という

オセベリ船の「輪形の舳先」：オスロ・フィヨルド西岸より出土（815－20年頃）

いうのは、「船」を表わすために、「海の木」（古ノルド語 sæ-tré；古英語 sæ-wudu）という表現を用いるのは詩人たちの常套手段だったからである。[23]

さて、本章1節で由々しき問題として浮上したのは、バルドルを葬送する船の名フリングホルニ（Hringhorni）であった。「輪形、円」を意味する hringr は、「指輪、腕輪」、鎖かたびらの「輪形の鎖」をさしている。ちなみに hring-leikr は「輪舞」を意味した。hringr の語が「船」をさすのは、湾曲した木型を組み合わせた船の工法に由来しているのだろうか、それとも「輪形の舳先」（古英語 hringed-stefna および hring-naca）から由来するのだろうか（『ベーオウルフ』三二、一八六二、一八九七）。

思うに、船首のくびれた形と、攻撃・威嚇の態勢に入ったときの、鎌首をもたげた蛇の形が相似しており、船と蛇の連想は比較的容易だったであろう。実際にヴァイキング船の舳先に「竜蛇の頭部」の飾りを付けることがよく行われた。古英語の hring-mæl という詩語は逐語的には「輪形の装飾」だが、そのような「輪形」あるいは「蛇文」の飾りをほどこした「剣」を意味していた(『ベーオウルフ』一五二一その他)。また hring-boga は直訳すれば「湾曲した弓」だが、ベーオウルフに対する攻撃の時をうかがう「とぐろを巻く竜」を意味した(二五六一)。この複合語の第二要素 boga は動詞 bugan「曲がる、たわむ」の過去分詞から派生しているが、竜が火を吐きながら「身をくねらせて進む」さまを表わすのにこの動詞が用いられている(二五六九)。したがって hring-sele が「宝環に満ちあふれた竜の館」(二八四〇、三〇五三)を意味するのも理解できる。この場合 hring は、「輪形の宝物」とその財宝を守る「とぐろを巻く竜」を意味し両義的である。[24]

さて、バルドル葬送の場面において、このフリングホルニなる「最大級」の船を海へ押し出そうとしたが、梃子《てこ》でも動かなかったという。そこで急きょ召還された者が女巨人のヒュロッキンであり、彼女は「狼にまたがり、〝毒蛇〟の手綱をさばきつつ」訪れたと記されている。この出現の仕方はいかにも奇妙だが、ヒュロッキンが「船首から一押しすると」、バルドルの船は見事に進水したという。ここにも船と蛇のあいだに「輪形のもの」としての強烈な連想がみえる。ヒュロッキンが到着して、「またがっていた狼」から飛び降りたとき、狼は「例の馬」(hestinn)と呼ばれている。四人の狂暴戦士(ベルゼルキル）の力をもって、かろうじて「例の馬」（＝狼）を取り押さえることができたと記されている（「ギュルヴィの幻惑」四九）。

この場面であえて「狼」を「例の馬」と呼びなしたのは、ある意図がそこに働いているだろう。古ノルド語 segl-vigg「帆の馬」、vág-marr「波の馬」、および古英語 brim-hengest「海の馬」は、「船」を意味する伝統的なケニング（比喩的な婉曲語法）であり、そのほかにも「馬」の類義語が「船」を意味する用例は枚挙にいとまがない（拙論参照[25]）。たとえば、「帆の馬（船）が汗まみれだ、波の馬（船）は風に抗いがたい」という表現は、強風のために高波にもまれ、いまにも沈没しそうな船を描写している（「レギンの語り」16）。「汗」（sveiti）はここでは「波しぶき」をさしている（第二章5節）。もうひとつ、九世紀頃の創作とみられる古英語のルーン詩から引用しておく。

太陽は舟人たちにとりて常に希望となる、
魚の水浴場を彼らが越えわたり、
海の馬が彼らをついに陸地に運ぶまで。

（「古英語ルーン詩」第一六歌[26]）

航海には危険がつきものだが、太陽は舟人たちに進むべき路を教え、彼らを守護してくれるので、常にhyht「希望、喜び、慰め」になると歌い上げている。「魚の水浴場」は「海原」をさし、「海の馬」（brim-hengest）が「船」を表わすケニングとなっている。

したがって、ヒュロッキンの「狼」を「例の馬」と呼ぶことによって、バルドルを海の彼方へ葬送する「船」との間に、緊密な連合が生じている。船のみならず馬も、死霊神オージンの馬スレイプニルの神話に代表されるように、死者をあの世へと拉致する乗り物であった。

以上の論をふまえ、改めて「巫女の予言」50節の表現を見てみよう。フリュムが持つlind「楯」（「菩提樹」の意）は、その名からして「菩提樹製の円形の楯」を思い描くべきだろう。たとえばhringr Ullar「ウッル（決闘の神）の船」という用語は、「円楯」を意味する遠回しな表現であった（「グリーンランドのアトリの語り」30）。巨人フリュムが舵取りをつとめる船ナグルファルと、「猛き魔法の杖」（イョルムン・ガンド）と称されたミズガルズ蛇は、いずれも「大波をかき立てつつ」進みゆく姿態をもって、明らかに連合されている。海のかなたにバルドルを葬送した船フリングホルニは、「輪形をなす、海の馬（船）」として捉えうるが、「火葬の薪」に引き出されたバルドルの「愛馬」もろとも、途中で燃え尽きて海の藻屑と消えたはずである。これに対してフリュムの船ナグルファルとミズガルズ蛇は、あたかもバルドルの葬送が完了するのを待ち構えていたかのように、相呼応して神界に襲来している。

第二章5節で概説したように、北欧神話に描き出された世界観によれば、人間の住む大地はミズガルズ「中つ国」と称され、その外側が「円形をなして」（kringlóttr）いたとされる（「ギュルヴィの幻惑」八）。そしてミズガルズ蛇については、来たるべき「大災難と不幸」を予知した神々の計略とオージンの神力によって、「すべての地を取り囲む深い海」の中に投げ入れられ、大きく成長した後にも、「その海原の真ん中」にて自分の尻尾を噛むように仕向けられたという（同三四）。つまり、この世界は三重、四重に「円形をなすもの」によって成り立っているという考え方が打ち出されている。

「自分の尻尾を噛む」大蛇が形作る円形は、解きがたい呪縛を意味するだろう。典型的には、mold-þinurr「大地の帯」という呼称は、「まるい島」を形づくる世界を取り巻くミズガルズ蛇の姿態を表わしている。ところが、何らかの原因で、詩歌の最終行にあるように、死者の船ナグルファルの「縛めが解かれる」（losna）時機に呼応して、ミズガルズ蛇はおのれに科された「円の呪縛」をふりほどき、神々を滅亡させるためのひとつの絶大な勢力に転じたと読める。[27]

さて、先述したように、神々は殺したユミルの「まつげ」でもってミズガルズの防壁を造った。それはまさに巨人族に対する効果的な防禦となすために、「毒をもって毒を制する」呪術に基づいている。また、ミズガルズが「中つ国」を意味し、防柵が「ユミルのまつげ」ならば、人間の居住地としてのミズガルズは「大いなる目」を表徴している（第二章5節）。

バルドルの容貌についての記述がここで思い出されてくる。「ある草花がとても白いと、それがバルドルのまつげにたとえられるほどだ」という比喩表現はいかにも謎めいている。「最も白い」植物から、「髪と体において美しき」バルドルの姿を連想するとも記されていた。「白い」の訳語を与えたhvítrは、「白く光輝を放っている」ことを示す形容詞である。一方、バルドルの館ブレイザブリクは、「広範囲に光を放つもの」を意味し、天界にあって、「邪悪・不純なものは、一切その場所に入ることができない」と記されていた（第六章9節）。きわめて注目すべきことに、北欧神話のなかで「まつげ」（brár）の比喩が用いられているのは、巨人ユミルと主神の息子バルドルのみである。

すなわち、天地創成を導いた三神による巨人ユミルの殺害と、「神々の力の滅び」（ラグナロク）を導くバルドル殺害は、北欧神話の語りのなかで「初発のとき」と「終焉のとき」の出来事として明らかに対応している。[28] 言いかえると、バルドル殺しが成就され、ムスペッルをふくむ魔の軍勢が襲来し、スルトの放つ火によって世界が焼尽と帰することによって、神話的な時間は、「原初の渾沌」に回帰し、ひとつの円環をかたちづくることになる。

この意味において、「アースたちはバルドルの遺体を担い、海辺へと運んだ」、という語りはきわめて象徴的である（「ギュルヴィの幻惑」四九）。オージン、ヴィリ、ヴェーの三兄弟神が天地創成の大業をなすための犠牲者としてユミルを殺害したときにも、「彼らはユミルの遺体を担い、ギヌンガガプの真ん中に運んだ」と記されている。ふたつの殺害が対照的に捉えられていたことは疑いがない。

ジョン・リンドウは、バルドルの遺体が海に運ばれたことを、「中心から周縁への移動」と解し、バルドルの葬送の描写は、カオスを表徴する勢力が船にて海辺に押し寄せ、ラグナロクにおける「最期の戦闘」がまさに海辺にて行なわれることとパラレルであると解釈している。(29) しかしリンドウは、フリングホルニという船の名そのものに「語りの円環構造」が隠されていることを見抜くことができなかった。

繰りかえすと、バルドル殺害の悲劇は、原初のときに発生したユミル殺害の事件とまさに表裏一体の「円環」（hringr）をなしている。したがって、父神オージンが火葬の薪の上に、「黄金の腕輪」（gull-hringr）ドラゥプニルを置き、冥途に旅立つバルドルへの贈物にしたというのは、すこぶる重大な意義を有している。ユミル殺害の首謀者であったオージンは、かかる惨劇が自分の身にふりかかることを予知していたが（「バルドルの夢」八—九）、後述するように、「畏怖すべき運命の裁き」（megin-dómar）によって定められていいたことだったので、その発生を阻止できなかった。この意味では、ユミル殺しに関与した者がオージンをふくむ三神であったように、バルドルの死を招いた者も三名を想定することが可能だろう。

思うに、ロキとホズに加えてオージンも、バルドル殺害の責任を免れることができないだろう。言いかえると、ユミル殺害にオージンが直接に関与したことが、バルドルの悲劇を導く遠因となっている。「輪形の舳先」をなす船フリングホルニに安置されたバルドルの遺体に、「腕輪」(hringr) を託したオージンは、ここで象徴的な意味で「語りの円環」を完結させ、みずからの責任を認めていることになる。

そして、宿り木を射た「盲目」のホズは、狩猟女神スカジ(「闇と死」の意)の代理者であるが、それと同時に、先述したように、その悲劇を目の前にして胸中に「損害」(skaðí) を看取した「片目」の神オージンの神威をも反映している。

バルドルを載せた船は、冥府ヘルにその遺体を運ぶ「海の馬」(古ノルド語 vág-marr、古英語 brim-hengest) として把握できる。その意味では、オージンの神馬スレイプニルがヘルモーズを乗せて冥府に向かって疾走したのと相似的である。フリングホルニによって海を運ばれてゆくバルドルは、したがって、第二章七節で扱ったように、巨人ユミルの血が変成した海をルーズ (lúðr) に乗って漂泊し、生き残ったベルゲルミルの所作を儀礼礼的に模倣していることを意味している。おそらくバルドルは、「ユミルの血」(sveiti)を表徴する海を流れただようことによってのみ、再生の機会が与えられると信じられていたのだろう。ちょうど、シェーフ（Sceaf「穀物の束」の意）の息子にしてデンマークの始祖王シュルドが、その幼児期にさすらった海原を、逝去するに際して、ふたたび送り出だされたように（第二章7節）。

5　魔の軍勢の襲来

そもそもロキの一統は、いずれも業罰をこうむり、束縛されていた。系譜上、ロキの息子とされるフェンリル狼は、グレイプニルという名の魔法の足枷をかけられた上に、ゲルギャ（「杭《くい》」の意）という枷をはめて、神界の岩で身動きがとれないようされた。同じくミズガルズ蛇もロキの息子とされ、大地を取り巻く海の「真ん中」に投げ入れられ、自分の尻尾を噛むという「円の呪縛」をこうむっていた。そしてスノッリの記述によれば、ロキはバルドル殺害の後で、鮭に変身して逃げるが、神々によって捕えられ、自分の息子ナリの腸でもって頑丈な三つの岩に捕縛され、その頭上から蛇の毒が滴るように仕向けられていた。
ところが、ラグナロクの時が至るや、「すべての枷と縛めは砕け破壊される」という(「ギュルヴィの幻惑」五一)。ロキを先導者としてムスペッルの軍勢が東より攻め寄せてくることが予言されている。第二章3節で引いた詩歌をふたたびここで引用せざるをえない。

船が東より渡りくる、
ムスペッルの民が
海を越えてくるだろう、
そしてロキが舵取りをつとめる。
荒れすさぶ者どもが
狼とともに総がかりで攻め寄せる、
ビューレイストの兄弟（ロキ）も
その遠征に加わっている。

（「巫女の予言」51）

いかなる時に、このように呪縛が解け、魔物たちを解き放つことになるのか？　私は思う。それはオージンの愛息バルドルが殺された時だと。「あらゆる称賛を集中して浴びていた」バルドルが、「円形を成す神々の集団」(mann-hringr)の、まさに「真ん中」で殺されたという伝承事実に改めて着目すべきだ。

ロキはその「円形」の「外側」にいたホズを唆し、「円の集団」に参加させた。こうして彼を「下手人」(ハンド・バニ)に仕立て上げて、バルドルの「殺しの教唆者」(ラーズ・バニ)と化すことによって、神界の「真ん中」に位置する「神々の円」を破砕したのだ。そのことによって、ロキの「息子」とされる魔物たち、とりわけミズガルズ蛇を、「世界の外縁を形づくる円の呪縛」から解き放ったと読みとくことができる。

こうして、巨魔たちの大攻勢のさなか、「炎熱の国」ムスペッルの守護者であったスルトは燃ゆる剣を振りかざして突き進んでくる。オージン神はフェンリル狼と、ソールはミズガルズ蛇と対決し、フレイ神はスルトと相対し、それぞれ凄絶なる戦闘を繰り広げる。オージンは狼に呑み込まれるが、ヴィーザルが直ちにその復讐をとげる。ソールは世界蛇をみごと討ち果たすが、みずからもその毒を浴びて死す。フレイはその時、剣を所持していなかったために苦戦を強いられ、ついに敗れ去ることになる。[30] テュール神は冥府の犬ガルムと相討ちになる。ロキを迎え撃つのはヘイムダッルだが、同じく相討ちに終る。スルトは火炎を放ち、全世界が焼き尽くされる。神々も勇猛な数々の戦士たちも、人間の族も、ことごとく滅んでゆく。天がはり裂け、星星が落ち、大地は海に没する。これがラグナロクと称された予言的な語りである。

6 バルドルの再来と世界の新生

第六章11節で触れたように、バルドルを冥府から連れもどすための万物の嘆きの儀礼は、ひとりソックの妨害によって失敗してしまった。ラグナロクにおいて、神々も巨人族も、魔物たちもことごとく滅び去った。こうして全世界が崩壊したまま、北欧神話の語りが終焉を告げれば、まさに暗澹たる思いに襲われるところだが、時を経て、海の中よりふたたび、「とこしえに緑なす大地が浮かびくる」とされる。そして不思議にもバルドルは、自分を殺したホズとともに、この世によみがえってくる、と歌われている（「巫女の予言」59—62）。

かの女（巫女）は見る、

海中よりふたたび
とこしえに緑なす
大地が浮かびくるを。
滝はたぎり落ち、
山に棲まう
鷲が上空を飛び、
魚を狙う。

（59）

アースたちは
イザヴォッルに邂逅し、
そして力猛き
大地の帯（ミズガルズ蛇）のことを語らう。
そこで思い出されるのは、
畏怖すべき運命的な出来事、
そしてフィンブル・テュール（偉大なる神オージン）の
古き秘蹟《ルーン》のことども。

（60）

そこでふたたび
草むらのなかに
不可思議な
黄金のチェス駒が見出されよう、
それらは過ぎし昔に
神の族《うから》の持てしもの。
(61)

種まかずとも
穀物は育つだろう――
ありとある災厄が吉に転じよう、
バルドルは来たらん。
彼らホズとバルドルは、
戦士の神々の聖域なる
フロフトの勝利の地に住む。
おのおの方、さらに知るや、それとも如何に？
(62)

先述したように、バルドルの落命が引き金となって、ラグナロクにおける「大いなる殺戮（アヴタカ）」と「喪失」（ミッサ）が生ずることについては、父神オージンが予知していた。いわば、このような大量の犠牲をもってはじめて、「悲嘆・哀悼の情」が世界にみちあふれ、ヘルが提示したような、バルドル再生の条件が整ったと言える。

「魚を狙う」鷲の描写は、常態への復帰を意味しているのだろうか。それとも、「知恵と予言」のシンボルとしての蜜酒を巨人から盗み出したとき、オージンが鷲に変身したように、新しき英知をつかさどる神の存在を示唆しているのだろうか。

アースたちが「イザヴォッルに邂逅」するとき、それは天地創成した神々の所作（「巫女の予言」7）を「ラグナロクを生きのびた者たち」が模倣することを意味している。彼らは、ミズガルズ蛇との激闘、そして「畏怖すべき運命的な出来事」（megin-dómar）のかずかずを思い起こすとされる。当然その追憶のなかには、バルドル殺害という不可避的な一大事件もふくまれているにちがいない。あたかも、往昔の日々にまつわる彼らの記憶が、神話的な時間を反転させるかのようである。

フィンブル・テュール（「偉大なる神」）と称されたオージンが駆使したルーンの秘儀も、いまや遠い昔のことのように思える。そのとき、草むらの中から、「黄金のチェス駒」が見出されるというのは、単なる偶然ではありえない。この「古言《ふること》」を吟じ、悠遠なる過去を「幻視」する巫女のまなざしには、天地創成の大業をなした神々が、トゥーンの野原で盤戯《チェス》に打ち興じた（8節）、あの黄金時代の記憶がまざまざとよみがえってきているのだろう。

バルドルとホズがかつての敵対関係を解消して、フロフトの地に平和に住むとされる。フロフトは「呪言・託宣の神」の意で、オージンの別名である。バルドルの冥界下降とその蘇生は、「種まかずとも穀物は育つだろう」と歌われているように、大地に豊饒力がよみがえることを象徴している。バルドルと、その仇敵であったホズの蘇生、それは積年の敵意と不和の解消を象徴し、まさに多くの犠牲を払うことによって、「平和と豊饒」の時代が再来することの予兆となっている。グッルヴェイグをめぐる「この世で最初の激闘」と彼女の「虐殺と再生」の秘蹟が、ヴァンとアース両神族の「和平」を導いた話と一脈通ずるところがある。

「ありとある災厄が吉に転じよう、バルドルは来たらん」という予言は、「バルドル殺し」の事件がひとつの「畏怖すべき運命的な出来事」(megin-dómar) として繰り返して生じうるが、その惨劇を経験することによって、世界が更新され、バルドルは再来するだろう、という民の期待と祈願が存在していたことを示している。これまでに卑見を提示してきたように、バルドルは豊饒と幸をもたらす「北欧のマレビト」であると定義できる。(31)

こうしてラグナロクの試練をくぐりぬけて、何人かの者たちが生き残った。ヴィーザルとヴァーリ、そしてソール神の息子なるモージとマグニたちだ。それぞれ「勇武」と「強力」を意味し、まさに次代を担う若き勇者の登場を物語っている。また、とある森の中で朝露で命をつなぐ者がいて、彼らから新たに人類が発するとされる。ちょうど、ユミル殺害のあとに発生した大洪水を生き残った巨人がいたのと同じように。まさに、すべてのものが滅んだ後の「夜明け」の記述であり、大いなる死のあとに生の胎動がはじまる。と同時に、円環的な神話の語りがここに完結をみることになる。

註

（1）水野知昭「北欧教会建立伝説の成立背景」『人文科学論集』〈文化コミュニケーション学科編〉第34号（二〇〇〇）八九—一一四。

（2）第三章（11）Turville-Petre, 96-97.

（3）第六章（4）水野、一〇五。

（4）John Lindow, *Murder and Vengeance among the Gods: Baldr in Scandinavian Mythology*. FF Comm 262（Academia Scientiarum Fennica, 1997）87.

（5）第二章（7）de Vries, 405. 第二章（13）Simek, 228.

（6）第六章（5）水野、五九。
（7）Friedrich Kauffmann, *Balder Mythus und Sage* (Karl J. Trübner, 1902).
（8）第三章（11）Turville-Petre.
（9）序（13）de Vries, II, 233.
（10）第四章（6）Martin, 116.
（11）James G. Frazer, *The Scapegoat, in: The Golden Bough,* Part VI（1914: rpt. Macmillan, 1955) 1.
（12）本章（7）Kauffmann, 279.
（13）第三章（31）水野、三五。
（14）ルネ・ジラール『身代わりの山羊』織田年和・富永茂樹（訳）（法政大学出版局、一九八五）一〇八—一一〇。ただし、つぎの英訳著を参照して邦訳を若干変更して引用した。René Girard, *The Scapegoat,* tr. Yvonne Freccero (John Hopkins UP, 1986) 67-68. なお、バルドルを「神々の犠牲者」とみる私論は、ジラールの訳著の存在を知る前に構築された。
第六章（4）水野、一一二参照。
（15）E. Mogk, "Novellistische Darstellung mythologischer Stoffe Snorris und seiner Schule," *FFComm* 51（1923）3-33. および Mogk, "Lokis Anteil am Baldrs Tode," *FFComm* 57（1925) 1-5. なお、「ロキの関与」についてモック説その他の一般通念を打破する試論を提示した。第六章（3）水野、一一七。
（16）本章（14）ジラール、三七。Girard, 24.
（17）第三章（11）Turville-Petre, 153.

(18) 第一章（3）水野、四六―六〇。五六。

(19) 水野知昭「ヴァイキングの鴉の軍旗と神武皇軍の八咫烏」『人文科学論集』〈文化コミュニケーション学科編〉（一九九九）二九九―三二〇。三〇一。

(20) Alfred P. Smyth, *Scandinavian Kings in the British Isles 850-880*（Oxford UP, 1977）270.

(21) 第二章（19）水野、一一〇―一一五。「異人」として境界に立ち現れるロキ。

(22) 第二章（20）水野、九三。

(23) 水野、九四。

(24) 水野、九四。

(25) 第三章（31）水野、三七。

(26) Stephen Pollington, *Rudiments of Runelore*（Anglo-Saxon Books, 1995）48.

(27) 第二章（20）水野、九五。

(28) 第四章（18）水野、四三。

(29) 本章（4）Lindow, 83.

(30) 第六章（5）水野、五七。

(31) 第二章（17）水野、一八三―九〇。第二章（31）水野、一三五―四六。第四章（18）水野、二七。Mizuno, 84-87. その他。

あとがき

冥界下降、渦巻きと迷路の表象、魂の漂泊、死と再生、そのようなテーマにとりつかれて早くも二十余年の歳月が流れた。当初は言語学の道を志し、とくに古英詩の口承定型句と比喩表現を研究していた。「白鳥の路」、「天の燭光」、「海の馬」という用語が、それぞれ「海」、「太陽」、「船」を表わすケニング（婉曲比喩用法）となることに驚嘆させられ、なぜこのような不思議な表現が成立したかを考察しているうちに、気がついてみると、北欧神話の世界に没頭していた。一九八二－八三年にストックホルム大学宗教史学科に留学したことが大きな転機となった。膨大な資料を前にして、なすべきことはあまりにも多かった。言語学か、神話学か、という迷いがその時に消えた。

テクストの解読作業を進め、意味の地平を切り拓くこと。それを繰りかえすうちに、古英詩と北欧神話が、古ゲルマン文化を照らし出す相補的な資料として、次第につながりを見せてきた。

いまにして思えば、一九八〇年代は「生と死」のテーマを中心にして母神、豊饒、運命、犠牲、あるいは楽園の問題に取り組んできたことがわかる。とりわけバルドル殺害神話のなかには、これらの問題がすべて含まれている。その魅力はおよそ尽きることがない。

その一方で、「風、海そして火の神ニョルズ」（一九八二年）や「古ゲルマンの楽園の原風景」（一九八四年）、また「神々の犠牲者としてのバルドル」（一九八六年）などの考察を進めるうちに、「古北欧のマレビトと常世郷」という新しい問題が浮上してきた。わが国の民俗学では周知の「流され王」（柳田国男）や「マレビト」（折口信夫）の基本概念は、北欧神話の分析に適用可能であるどころか、きわめて有効である。岡正雄や山口昌男その他の諸賢によって提示された「異人論」は、北欧神話の世界観を説明するための方法論となりうると同時に、神々や勇者の特性を照射してくれる。その追究は現在も続行している。

本著は、水と火、対立と平和、死と再生、創造と破壊、および犠牲と豊饒などの諸問題を扱っており、主として、私の研究史の前半部に総括を加えたものとなっている。言いかえると、「北欧マレビト考」の着想を得る以前のテーマが中心である。総じて「生と死の循環原理」が、北欧神話のなかで一貫して語られていることを示したつもりである。

本著の脱稿の数日前、朝日新聞に詩人高橋睦郎氏の評言が掲載されていた。

「人間は死と戦い、未知を追いつめ、闇を追撃したあげく、生を、知を、光を痩せさせてしまった。じつは生を富ませるのは死、知を甦《よみがえ》らせるのは未知、光を輝かせるのは闇であるという単純な事実を忘れてしまったからだ。」

（二〇〇二年一月三日付け「朝日新聞」「白い手帳に」）

まさしく至言である。北欧神話において、死と生、未知と知、闇と光のそれぞれの境界《ボーダー》は、つねに来往を繰り返すべきものとして存在している。原古の巨人ユミルは「新たなる生と創造」のために殺されねばならなかった。同じくバルドルは、永遠に「不死」であり続けることは不可能であった。光り輝くバルドルの下手人となりはてた者が、闇の化身としての盲目のホズであるというのはいかにも意味深長である。

「生と死」のテーマの追究が、ある意味では必然的に、海のかなたより来往する「北欧のマレビト」および「異人と外来王」の構想を促すにいたった。「北欧の異人・マレビト考」については、同じく松柏社から姉妹篇として近年中に刊行が予定されている。

各章はつぎの拙論を基本にしながらも、本論のテーマから逸れる箇所は割愛し、然るべき修正を加え、大はばに加筆して出来ている。旧稿の初出を記しておく。

第一章　「『詩のエッダ』と『散文のエッダ』」『北欧神話文化論』（講義用教科書）所収（オフセット印刷、一九九八年）二―四頁。
第二章　「ゲルマンの宇宙創成論おける月神崇拝」『日本大学工学部紀要』分類B第22巻（一九八一年）九五―一一〇頁。「宇宙創成論における水と火」『北欧神話文化論』所収（オフセット印刷、一九九八年）五―八頁。
第三章　「グルヴェイグをめぐる神々の闘争」『日本大学工学部紀要』分類B第23巻（一九八二年）九九―一一七頁。
第四章　「旅するロキの神話―その（1）―」『日本大学工学部紀要』分類B第28巻（一九八七年）八九―一〇八頁。
第五章　「ロキの笑劇についての民俗的な考察」『日本アイスランド学会会報』16号（一九九七年）一―一一頁。
第六章　「バルドル殺害神話の形成―大地母神と運命女神崇拝―」『エポス』（同人誌）第6号（一九八一年）二六―四六頁。「「バルドル神話劇」前篇―不死になったバルドルと旅するロキ―」『エポス』第10号（一九八七年）二七―四五頁。
第七章　「王の犠牲と豊饒：北欧と日本とギリシアの事例」『人文科学論集』〈文化コミュ

ニケーション学科編〉第32号（一九九八年）八九―一〇七頁。『羽振りの古代思想』（オフセット印刷、一九九一年）六八―一七六頁。

終章「神々の犠牲者としてのバルドル―『北欧マレビト考』への序章―」『日本大学工学部紀要』分類B第27巻（一九八六年）九七―一一二頁。「古北欧の「中つ国」と「根の国」」『人文科学論集』〈文化コミュニケーション学科編〉第35号（二〇〇一年）九三―一一九頁。

本著が多くの先行研究を基に成り立っていることは言うまでもないが、註に示した参考文献に遺漏があることを怖れるものである。内容に関しても、思いもよらぬ誤りがあるかもしれない。大方の叱正を俟ちたいと思う。

訳出に際しては、ことに谷口幸男および菅原邦城の両氏の訳業（第一章註（20））を参照し、恩恵に授かった。末尾となりましたが、御礼申し上げる次第です。

松柏社社長の森信久氏の暖かい励ましとご英断がなければ、本著は日の目をみることがなかった。この場を借りて深甚なる感謝を申し上げたい。編集の労に当たられ、遅筆に対してご海容であった里見時子氏に対しても御礼申し上げる。なお、ウプサーラ写本挿絵

（35頁）と北欧の山羊祭り（175頁）の描画は、妻美知子の模写によるものである。謝意を表したい。

私事に及ぶが、父光雄が本著の刊行を見ることなく、昨年七月に幽冥界に旅立ってしまった。拙きながら本著を、かずかずの思い出をこめて霊前に捧げるものである。

二〇〇二年一月十二日

水野　知昭

索　引

（古英）は古英語名、（希）はギリシア神話伝説の項目であることを示すが、いずれも長音記号を略し、後者はラテン文字で転記した。

集団名は定冠詞を省略し、原則として単数形を記したが、必要な場合にのみ、（複.）の略号で複数形を示した。なお、和名とキーワードの項目にはアルファベットを表記しない。

［　　　］は別項参照を意味している。

あ行

アース神族（複. アィシル） Áss（複. Æsir） 31, 36, 79-86, 88-91, 100-1, 103, 112, 131-3, 138-40, 144-5, 188-92, 209, 228-9, 289-90, 305, 313
アースガルズ Ásgarðr 31, 59, 119, 131-2, 144-5, 159, 219, 227, 231
アースゲルズ Ásgerðr Bjarnardóttir 250
アイアース （希）Aias 222
アイギストス （希）Aegisthus 265-71
アイスキュロス （希）Aeschylus 268, 270-1
『アイスランド人の書』 Íslendingabók 8
アウズフムラ Auðhumla 56, 125
アウトサイダー（除け者） 136, 197, 204-5
アウルゲルミル Aurgelmir 55, 73
アガメムノン （希） Agamemnon 265-72
『アガメムノン』（希） *Agamemnon* 270
アキレウス （希）Achilleus 222-3, 272
アグナル Agnarr 247
アケローン （希）Acheron 231
アスク Askr 123
汗［血］ 26, 55, 301
アトリ（アッティラ） Atli (Attila) 19
アトリ，〈ちびの〉 Atli inn skammi 250
アナロジー（類比） 51, 58-9, 109

アマテラス　160-1，177，255-6
アメノウズメ　161，163，165，167
アメノコヤネ　254
「アルヴィースの語り」 Alvíssmál　111，151
アルテミス　(希)Artemis　167，272-3
アレース　(希)Ares　269
アレクサンドリアのクレメンス (希)Clemens Alexandrinus 162
アングル人(アングル族)　Angle 21，94
イアシオーン　(希)Iasion　167
イアンベー　(希)Iambe　163-4
イェーアト　(古英)Geatas 22-3，94
生け贄[犠牲]　265
移住神話　25
イシュタル　(中近東)Ishtar 104
「出雲国風土記」　29
イザヴォッル　Iðavöllr　49，209，311，313
イズン　Iðunn　126，136-40，144
　——掠奪　118-23，129-30，147，213，275，295
　——奪回　131-3，140
遺体(死体・亡骸)
　王の——　65，70-1，245
　バルドルの——　279，283，288，305-6
　ユミルの——　58，60，125，305
伊藤幹治　169-71
猪(宍)　267
　——の血　257
いのちの水滴　54-6
イピゲネイア　(希)Iphigeneia 270-2
射る行為　204，206-7，213
インゲルド　(古英)Ingeld　94，97-9
「韻律一覧」　Háttatál　25
ヴァーリ　Váli　315
ヴァイキング　8，71，174，211
ヴァナディース　Vanadís　107
ヴァナヘイム　Vanaheimr　80
「ヴァフスルーズニルの語り」 47，106
ヴァルキュリャ　Valkyrja　93，215，295
ヴァルデ　Walde, Alois　61
ヴァル・フォズル　Valföðr　20，201
ヴァルホッル[館]　Valhöll　189，225
ヴァン神族(複. ヴァニル)　Vanr (複. Vanir)　79-86，89-91，100-1，103，111-2，140，151，289，295
ヴィーザル　Víðarr　64，309，

315
「ウィードシース」（古英） Widsið 98-9
ヴィーリル［ヴィリ］ Vílir 84
ヴィリ Vili 45, 52, 57, 73, 86, 104-5, 123, 230
ウートガルザ・ロキ Útgarða-Loki 124, 127
ウートガルズ（外つ国） Útgarðr 59, 220
ウェアルフセーオウ王妃 （古英） Wealhþeow 92-3
ヴェイグ veig 90, 103, 105, 111-3, 224, 233
ヴェイスラ（古名ヴェイツラ） veizla［祝宴］ 240, 244-8, 293
ヴェー Vé 45, 53, 57, 73, 84, 86, 104-5, 123, 230
ヴェルザンディ Verðandi 107-8
ヴェンデル文化 Vendel 71
ヴォルズ・ゴザ vörðr goða 218
牛 28-29, 42, 56, 258, 266-70
　——の犠牲 238, 249-50
　牡牛料理 119-27, 133
宇宙創成 32, 42-4, 46, 50, 54, 57-62, 74-5, 125, 211
ウッル Ullr 158, 302
腕輪［ドラウプニル］ 305
ウプサーラ Uppsala 35, 238, 242

馬 11-3, 42, 109, 113, 161, 196, 227-9, 233, 280, 289, 293, 300-2
ウルズ Urðr 107-8
運命(urðr または wyrd) 23-5, 106-8, 188, 208, 214-6, 219, 305, 311, 313
　——の泉 32, 108, 219
　——の女神（ノルニル） 107
エウヘメリズム Euhemerism 27
エーリヴァーガル川 Élivágar 48-9, 53, 56, 73
エギル・スカッラグリームソン Egill Skallagrímsson 250
『エギルのサガ』 Egils saga Skallagrímssonar 249-50
エッダ 18-9, 25-6
円（円環，円形）［輪形］ 60, 302-3, 309, 315
　——の集団 204, 309
　——の呪縛 303, 307-9
　語りの円環構造 304-5, 315
エンブラ Embla 123
「王室写本」 18
オージン Óðinn 27, 34, 47, 63-4, 79-80, 127, 185, 191-4, 213, 241, 289, 293-6, 313-4
　——とその兄弟たち 45, 52-3, 55, 57-8, 73, 84-6, 104-6, 123, 125
　——と妻フリッグ 84-6, 104,

113-4
——とロキ　129, 202, 221
——による蜜酒盗み　138-40
——の異名　20, 32, 89, 109-11, 129, 138-9, 221, 248, 294-6, 313-4
——の旅　27, 118, 120, 123
——の魔術　30-32, 82, 202
犠牲の神としての——　109-11, 294-5
客人款待神——　248
詩と予言の神——　20, 30, 43, 113-4, 303
槍の神——　88-89
オーズ　Óðr　63, 160
大祝(おおほおり)　254-5
大和岩雄　253
オクソール　Ökuþórr　282
尾崎暢殃　255-6
オセベリ船　Oseberg　70, 299
オッファ王　Offa　(古英)94-6
『オデュッセイア』(希)*Odysseia* 167, 265-9
オデュッセウス　(希)Odysseus 265, 267
オト　Otr(川獺)　125
オホクニヌシ(大国主)　28, 256
オホビコ　264-5
オホモノヌシ(大物主)　153
王化(おもぶけ)　274
オリオン　(希)Orion　167
折口信夫　69, 319
オンドゥギ　öndugi　228, 233
オンドゥル・ディース öndurdís　145-7, 167, 172, 213
女巨人　229, 279-80, 282-3
女戦士　93, 174, 177

か 行

ガイエーオコス　(希)gaieochos 269
会議(民会、集会)　80, 91, 131, 188-92, 197-9, 204, 212, 214-6, 219-20
解放(自由な)　119, 121, 130, 134-6, 150, 154, 286, 297-8, 303, 308-9
外来神　256
カウフマン, フリードリヒ Kauffmann, Friedrich　286-8
カオス　(希)chaos　62
柿本人麻呂　261-2
鍛冶屋　280-2
カスク　Kaske, R. E.　196, 205
カタリ(語りと騙り)　36-7
鴉　294-5
カルカス　(希)Kalchas　272
カルル　Karl　230-2
カローン　(希)Charon　231
ガングレリ　Gangleri　31-2, 155
カンナキ(スリランカ)　Kannaki 165-6

さ 行

スィヨーゾールヴ，〈フヴィン出身の〉 Þjóðólfr inn hvinverski 238
スヴァジルファリ[馬] Svaðilfari 280
崇神天皇 259，265
スカジ Skaði 126，128，134，149-51，156-9，213，205-6，223，275，282-5
——の来訪 144-8，170-2，174，213
菅原邦城 34
スキョルド王 Skjöldr 30
スクルド Skuld 107-8
スコッル Sköll 12
スサノヲ 161，163，177
スットゥング Suttungr 138-9，296
ステーシコロス (希)Stesichorus 272
ストレム，フォルケ Ström, Folke 129，234
ストレムベック，ダーグ Strömbäck, Dag 82
スノッリ・ストゥルルソン Snorri Sturluson 10，25，33，135，186-7，231
スミス，アルフレッド Smyth, Alfred P. 295
スリジ Þriði 32-3
スリュム Þrymr 178，202
スリュムヘイム Þrymheimr 150-1
スルーズゲルミル Þrúðgelmir 73
スルト Surtr 50，226，309
スレイプニル[馬] Sleipnir 228，306
性愛(官能的な愛) 104，113-4，158，230
聖域(聖地・囲い地) 105，133，312
神々の「聖域」 helgistaðr 219
聖なる草地 tún 209，211-2
不可侵の聖域 griðastaðr 191-2，212
性器(ファロスまたは女陰) 62-3，128，161-4，167-8
——露呈 128，145，147-8，159-68，174，176-80
セイズ(呪術) seiðr 81-3，112-3，137
性的な交わり 31，84-5，103-5，113，128-9，139，156，159-60
生と死 22-4，46-9，53-4，63，75，112，140，225，273
——の循環原理 199，202，221，223-4
誓約(契約) 178，188，203
ゼウス (希)Zeus 167，270
セーミング Sæmingr 156
セルンド島 Selund[シェラン島] 28
船葬墓 70-1

た 行

デュメジル，ジョルジュ Dumézil, Georges 90-1，149-50
テラモーン (希)Telamon 222
トゥーン[聖域] tún 211，314
冬至
——の祝宴 jólaveizla 244-8，293
——の山羊 173-6
ドゥ・フリース，ヤン de Vries, Jan 14，54，61，152，196，287
ドーマッル王 Dómarr 240，243
ドーマルディ王 Dómaldi 238-43，257
トライアッド(三組み神) triad 83，86，101，103-5，123
ドラゥプニル Draupnir 229，305-6
トリエル，ヨスト Trier, Jost 105
トロイア (希)Troia 27，265，272
ドロンケ，アースラ Dronke, Ursula 137，210
トロンヘイム Trondheim (Þrándheimr) 240
トロンホルム Trundholm 12-3

な 行

「流され王」 69
中つ国[ミズガルズ] Miðgarðr 45，303
ナグルファル[船] Naglfar 297-8，302
ナリ Nari 285-6
ナルヴィ[ナリ] Narfi 284
ナンナ(バルドルまたはホテルスの妻) Nanna 186-7，229，283-5，289
ナンナ (中近東)Nanna 104
『ニーベルンゲンの歌』 222-3
ニヴルヘイム Niflheimr 46-8，53，219
ニヴルヘル Niflhel 47-8，226
贄[犠牲] 256，258
『日本書紀』 254，259，263
ニョルズ Njörðr 79-85，101，145-6，150-7，170-2，241-2，275，295
韮 45
人間創成論 42
大蒜 45
ノイマン，エーリヒ Neumann, Erich 63
ノーアトゥーン Nóatún 145-6，150
野原(ヴォッル) völlr 217
ノルニル nornir 107

は 行

ハーヴィ[ハール] Hávi 110-1
「ハーヴィの語り」 Hávamál 19, 110-11
ハーコン善王 Hákon Aðalsteinsfóstri goði 240-1, 251, 294
「ハーコン善王のサガ」 Hákonar saga góða 240-1
ハーデス (希)Hades 162, 224
ハール[ハーヴィ] Hár 87, 89, 100, 102-3, 111, 155
ハールヴダンの墳丘 Hálfdanarhaugr 245
ハールバルズ Hárbarðr 231
「ハールバルズの詠歌」 Hárbarðsljóð 231
賠償 144-6, 158
バウギ Baugi 139
バウボー (希)Baubo 162-5, 167-8
迫害(拷問) 135, 291
——と解放の図式 134-6, 286
ハゲネ Hagene 223
ハザランド地方 Haðaland 244-5
羽白熊鷲 263
はふり(散り・屠り・祝り・葬り) 259-64, 274, 294
羽振り(はふり) 259-60, 262-5, 274, 294-5
ハラルド王子(後のハラルド美髪王 Haraldr inn hárfagri) 244, 246-8
パリス (希)Paris 222, 273
「播磨国風土記」 252, 255-8
バルデルス Balderus 187
バルドル[犠牲者] Baldr 145-6, 185-7, 275
——虐待のゲーム 209-12, 291
——殺しの参与者 177, 204-8, 306
——殺害神話 178, 188-194, 212-3, 221-5
——にみる戦士の理想像 194-7, 205
——の運命 214-20
——の葬送 279-80, 282-5, 292-4
——の蘇生 310, 312-4
——の不死性 198-204, 222-3
——の冥府下降 224-5, 227-30, 232-4,
——を愛する者 145, 157, 199, 205-6, 224-5, 285
「バルドルの夢」 Baldrs draumar 187, 224, 305
バンヴェニスト, エミール Benveniste, Emile 102
ハンガ・テュール Hanga-týr 111
ビヴロスト Bifröst 218-20
ヒコクニブク(彦國葺) 258

悲嘆(哀悼)　191-2, 228, 313
　万物の──　229, 233-4
　女神の──　162, 166, 224
美貌　156-9, 195-6, 202, 217-8
ヒミン　himinn　218, 226
ヒミンビョルグ[館]
　Himinbjörg　218
ヒュイェラーク王　(古英)Hygelac
　94
ヒュイド　(古英)Hygd　94
ビューレイスト　Býleistr　51-2
ヒュミル　Hymir　232
「ヒュミルの歌」　Hymiskviða
　124
ヒュロッキン　Hyrrokkin　279-
　80, 282-3, 285, 301
「ヒュンドラの詠歌」
　Hyndluljóð　160
ヒルデブルフ王女　(古英)
　Hildeburh　94
ピンダロス　(希)Pindarus　271
「ファーヴニルの語り」
　Fáfnismál　107
ファーネル　Farnell, L. R.　272
ファールバウティ　Fárbauti
　205, 221
ファルク　Fulk, R. D.　72,
　74
フィョルギュン　Fjörgyn　281
フィョルギュンヌ　Fjörgynn
　281
フィン王　(古英)Fin(n)　94
フィン人[ラップ人]　Finnr
フィンブル・テュール　Fimbul-
　týr　311
フヴェルゲルミル　Hvergelmir
　46, 48, 56, 73
ブーフホルツ, ペーター
　Buchholz, Peter　82
ブーリ　Búri　56-7
フェンサル　Fensalr(複. Fensalir)
　189, 202
フェンフリング島　Fenhringr
　250
フェンリル狼　Fenrisúlfr　47,
　64, 307, 309
フォールクヴァング　Fólkvangr
　63
フォン・デァ・ライエン　von
　der Leyen　149
フギン　Huginn　294
不幸[災難]　208, 303
不死　199-201, 207, 222-3
フッラ　Fulla　229
ブッル[ボッル]　Burr
フトダマ　255
船(舟)　297
　──と馬　300-2, 306
　──と蛇　297-300
　──と揺りかご・棺桶　66, 72
　──による葬送　68-71, 279,
　　282-4, 289, 292
　──による幼児漂着　69-70
　──は輪形なすもの　299-300,

302, 306
フラヴナ・グズ Hrafnaguð 294-5
ブラギ,〈往古の詩人〉 Bragi skáld gamli 29
ブラギ(詩神) Bragi 138
フリージア Frisia 94
ブリーシングの首飾り Brísinga men 93,
フリームファクシ Hrímfaxi 11
フリッガ Frigga 104
フリッグ Frigg 84-6, 112-4, 137, 185, 188-9, 191-2, 199, 202-3, 221, 227
運命女神—— 107-8
性愛(官能的な愛)の女神—— 84-5, 104, 114, 230-1
生と死(死と再生)を司る女神 —— 112, 225
フリュム Hrymr 297-8, 302
ブリュンヒルド Brynhildr 93
フリンガリーキ地方 Hringaríki 245
フリングホルニ[船] Hringhorni 279, 282-3, 299-300, 302, 305-6
ブルケルト,ヴァルター Burkert, Walter 267, 273
フルングニル Hrungnir 178, 282
フレイ Freyr 63, 80-4, 101, 155, 241-2, 292, 309
フレイザー,ジェームズ Frazer, James G. 242-3, 251, 287-8
ブレイザブリク[館] Breiðablik 195, 218, 220, 292
フレイヤ Freyja 81-4, 93, 101, 108, 112, 131, 133, 137, 280
フレーァワル王女 (古英) Freawaru 92, 94, 96-7, 100
フレースヴェルグ Hræsvelgr 155
フロージ Fróði
——の平和 Fróðafriðr 242
ブロージングの首飾り(古英) Brosinga mene 93
フロースガール王 (古英) Hroðgar 92, 96-9
フローダ王 (古英)Froda 96-7, 99
ブロート[犠牲] blót 82, 92
ブロート・ギュズィア(供犠の女祭司) blót-gyðja 81-3, 295
ブロート・ゴジ(供犠の祭司) blót-goði 80-3, 85, 295
フローズルフ (古英)Hroðulf 98
フロフト[オージン] Hroptr 312, 314
「フンディング殺しのヘルギの歌」I, Helgakviða Hundingsbana I 45

「フンディング殺しのヘルギの歌」II, Helgakviða Hundingsbana II 129
ヘァゾバルド族 (古英)Heaðo-Beardan 94, 97-100
ヘアルフデネ王 (古英)Healfdene 66
ヘイズ Heiðr 87, 111-4
ヘイズルーン Heiðrún 160
『ヘイムスクリングラ』 Heimskringla 240, 243
ヘイムダッル Heimdallr 19-20, 218, 309
平和[和平]
——と豊饒[豊饒と平和] 86, 264-5, 274, 314
——の協定(和平) 94
——の結束 94, 97
——を織りなす女性 94-6, 99-100
ベーオウルフ (古英)Beowulf 22-4, 92, 94, 96, 99
『ベーオウルフ』 (古英)*Beowulf* 21, 24, 66-8, 71, 92-7, 99-100, 205, 299-300
ヘーニル Hœnir 81-2, 118, 120, 123, 125
ヘオロト[館] (古英)Heorot 92, 98
ベストラ Bestla 57, 221
ペネロペイア (希)Penelopeia 265
ヘラクレス (希)Herakles 222
ヘリャフォズル Herjaföðr 233
ヘリャン Herjan 233
ヘル(冥府) Hel 47, 226-7
ヘル(冥府女神) Hel 47-8, 63, 201, 224-5, 227-31, 233, 283
ペルクーナス Perkunas 281
ベルゲルミル Bergelmir 65-6, 72-4, 106-7
ペルセポネ (希)Persephone 162, 224
ペルヌ Pernu 281
ヘルブリンディ Helblindi 52
ヘルモーズ Hermóðr 228-9, 231, 233
ヘレネ (希)Helene 272-3
豊饒(豊作) 152, 167, 176, 238, 243, 249
——祈願(予祝) 169-71, 239, 251, 256-7
——と平和 63, 101, 155, 240-3, 251, 295
——を司る神 253
——を司る祭司王 243, 251
棒 119, 121, 124
——とファロス 128
——と槍 129
——とロープ 147
暴力[集団の暴力] 165, 290
ホズ Höðr 185-7, 190, 192, 194, 196-7, 204-7, 220, 234, 312, 314

ポセイドン （希）Poseidon 269
ボッル[ブッル] Borr(Burr) 55, 57-8, 123
ホテルス[ホズ] Hotherus 187
ボフスレン Bohuslän 174, 176
ホメーロス （希）Homerus 268
ボルヴェルク Bölverkr 138-9
ホルザランド地方 Horðaland 250
ホルツマーク，アンネ Holtsmark, Anne 129
ボワイエ，レジス Boyer, Régis 211

ま 行

マーチン，ジョン Martin, John S. 287
マーニ Máni 11
マグニ Magni 315
まつげ(複. brár) 58-60, 195, 217, 303-4
松村一男 90
松村武雄 152-3, 164-5
マレビト 151
北欧の—— 74, 170, 314, 320
真ん中[中心] 45-6, 53, 58-60, 125, 303, 309
『万葉集』 261-2
ミーミル Mímir 81-2
『身代わりの山羊』 291
「巫女の予言」 19, 21, 43-4, 46, 49, 51-2, 86-90, 102, 109, 111, 113-4, 123, 187, 209-10, 216, 234, 298-9, 302, 308, 310-2
ミズガルズ(中つ国) Miðgarðr 45-6, 58-60, 280, 303-4
ミズガルズ蛇 Miðgarðsormr 32, 47, 64-5, 232, 297-8, 303, 309
蜜酒 45, 110-3, 138-40, 224
——盗み 138-40, 296
——の神と女神 111-14, 140
ミュートス （希）mythos 9-12, 33, 55
ミョルニル槌 Mjöllnir 202, 280
ムスペッル Muspell 46, 50-3, 308
ムニン Muninn 294
ムノン(メンノン) Munon (Mennon) 27
メーラル湖 Mälaren 28
モージ Móði 315
モーズグズ Móðguðr 228, 231, 233
モードスリューゾ （古英） Modþryðo 94-96
モック，オイゲン Mogk, Eugen 290
問答形式 32-4, 36-7

や 行

ヤヴンハール Jafnhár 32-3

ら 行

わ 行

著者紹介

水野知昭（みずの　ともあき）
一九四九年富山県生まれ
東北大学文学部言語学科卒業
現在、信州大学人文学部教授
北欧神話と比較神話学・
古ノルド語・古英語文学専攻

生と死の北欧神話

二〇〇二年六月二十五日　初版発行
著　者　水野知昭
発行者　森　信久
発行所　株式会社　松柏社
〒一〇二―〇〇七二　東京都千代田区飯田橋一―六―一
電話　〇三（三二三〇）四八一三（代表）
ファックス　〇三（三二三〇）四八五七
Eメール shohaku@ss.iij4u.or.jp
製版・印刷・製本　株式会社モリモト印刷

ISBN4-7754-0013-4
定価はカバーに表示してあります。